춘향가에
인용된
중국 한시
해설

오성덕 吳盛德, Oh Seong-Deok

1964년 경기도 수원 출생
서강대학교 경영학과
군산대학교 한문교육학 석사
군산대학교 대학원 중국학전공 문학박사

박병선 朴炳仙, Park Byungseon

전북대학교 중문학과 졸업
연세대학교 전남대학교 대학원 졸업
문학박사
군산대학교 중어중문학전공 교수

춘향가에 인용된 중국 한시 해설

군산대학교
새만금종합
개발연구원

새만금총서

오성덕 · 박병선

민 속 원

머리말

　우리나라 '시대의 작창'이라고 일컬어지는 〈춘향가〉에는 중국과 한국의 한시를 망라하여 당대에 회자되던 한시漢詩와 산문 나아가 원대元代에 유행하던 잡극雜劇《서상기西廂記》의 명문들이 다수 인용되어 있다. 사물이나 배경에 대한 묘사나 등장인물이 처한 상황 등을 장황하게 설명하는 대신에 화자와 청자의 입을 통해 자주 오르내리는 시구詩句와 문구를 활용하여 과감하게 생략한 것이다. 마치 한시에서 전고典故를 이용한 함축적인 표현을 통해 형상성을 강화하고 동시에 의미 전달력을 높이는 수법과도 흡사하다. 따라서 아는 만큼 이해하고, 아는 만큼 즐길 수 있는 해학과 유머 코드가 녹아 있으며, 구어체의 리듬 속에서 4자, 5자, 7자 등 다양한 시구의 활용을 통한 리듬감을 강화하기 위한 노력도 간과할 수 없다.
　중국과 한국 한시漢詩의 비교적 유명한 시구詩句를 인용함으로써 자칫 지루하게만 느껴질 수도 있는 이야기 전개에 속도감을 더해주고, 언어라는 전달매체의 한계를 극복하여 공감각적 이미지를 화자에게 전달하기도 한다. 더욱이 상징과 함축으로 대표되는 시구와 문구를 원용함으로써, 〈춘향가〉에서의 한시漢詩 활용은 작품성과 문학성을 한층 높여주는 역할을 하고 있다고 해도 지나친 표현이 아닐 것이다.

이 책에서는 김소희 바디¹, 김연수 바디, 김세종 바디(성우향, 조상현), 정정렬 바디(최승희) 〈춘향가〉 판소리에 인용된 한시漢詩의 시구詩句와 기타 작품들에서 인용된 문구를 소개하고 비교, 해설하였다. 우선, 김소희 바디 〈춘향가〉 판소리에 인용된 시구의 한시 작품을 찾아, 〈춘향가〉 판소리에 인용된 시구가 전체적인 이야기 전개 속에서 어떤 역할과 의미로 사용 되었는지를 살펴볼 수 있게 하였다. 판소리는 바디가 달라도 대동소이한 경우가 많기 때문에 같은 구절이 여기저기 존재한다. 그래서 김소희 바디 〈춘향가〉를 기준으로 삼았으나, 다른 바디의 소리에만 있는 구절은 따로 바디를 표기하였다. 전체적인 한시 시구와 문구의 인용 상황은 맨 뒤에 도표로 제시하였다.

〈춘향가〉에는 아직도 출처를 알 수 없으나 당시에 회자되던 시구詩句들이 상당수 등장하고 있어서, 추가적인 연구를 통해 보완되어야 할 필요성이 제기된다. 아울러 〈춘향가〉의 문학성과에 대한 평가를 위해

---

1 '바디'란 판소리의 전승 계보를 가리키는 말로, 한 스승에게 배운 일군의 사람들이 부르는 판소리를 집합적으로 일컬을 때 사용한다. 따라서 바디 안에는 다수의 개별 창자들이 존재한다. 영어로는 '버전(version)' 정도로 번역할 수 있다.

서라도 〈춘향가〉에 사용되고 있는 한자어에 대한 출처와 내용에 대한 체계적인 연구도 시급한 실정이다.

  미흡한 점이 많은 원고임에도 부족함을 탓하지 않고 열정으로 도와주신 최동현 교수님과 민속원 홍종화 대표님께 깊은 사의를 표한다.

2022. 01. 31.
코로나-19의 와중에도 봄이 오는 길목에서
오성덕, 박병선

차례

머리말 5

1. 경세우경년經歲又經年 —————————————————————— 13
2. 곡종비거부지처曲終飛去不知處 산하벽도춘자래山下碧桃春自來 —————— 16
3. 공문한강천리외共問寒江千里外 정객관산로기중征客關山路幾重 —————— 18
4. 군산만학부형문群山萬壑赴荊門에 왕소군王昭君이 삼겨나고 ——————— 22
5. 권군갱진일배주勸君更進一杯酒 ———————————————————— 25
6. 금강활이아미수錦江滑膩峨嵋秀에 설도문군薛濤文君 탄생이라 —————— 27
7. 금슬우지琴瑟友之 —————————————————————————— 30
8. 금일송군수진취今日送君須盡醉 ———————————————————— 33
9. 금준미주金樽美酒, 옥반가효玉盤佳肴 ————————————————— 35
10. 기창전綺窓前 연연옥골娟娟玉骨 ——————————————————— 41
11. 남남지상喃喃枝上 ————————————————————————— 43
12. 남창고군南昌故郡, 홍도신부洪都新府 ————————————————— 45
13. 녹엽성음자만지綠葉成陰子滿枝 ——————————————————— 49
14. 담담장강수澹澹長江水 유유원객정悠悠遠客情 ————————————— 51
15. 독조한강獨釣寒江 설향雪香이 ———————————————————— 53
16. 독좌유황獨坐幽篁 금선琴仙이 ———————————————————— 55

17. 동원도리편시춘東園桃李片時春 ─────────────── 58
18. 낙화유사타루인落花猶似墮樓人 ─────────────── 62
19. 마상馬上에 봉한식逢寒食이요, 도중途中에 속모춘屬暮春이라 ─── 65
20. 만당추수滿塘秋水 홍련紅蓮이 ─────────────── 67
21. 형산백옥荊山白玉과 여수황금麗水黃金이 물각유주物各有主라 ── 71
22. 보보향풍步步香風 ───────────────────── 74
23. 부공총총설부진復恐恩恩說不盡하야 행인임발우개봉行人臨發又開封 ── 76
24. 부수소관첩재오夫戍蕭關妾在吳 ────────────── 78
25. 불개청음不改淸陰 ───────────────────── 80
26. 사군불견思君不見 반월半月이 ────────────── 82
27. 삼월동풍三月東風 ───────────────────── 84
28. 상전桑田이 벽해碧海되고 벽해가 상전이 되도록 ────── 86
29. 섬섬옥수纖纖玉手 ───────────────────── 91
30. 세거인두백歲去人頭白 ──────────────────── 93
31. 송군남포불승정送君南浦不勝情 ────────────── 96
32. 송하松下에 문동자問童子, 채약부지採藥不知 운심雲深이 ──── 98
33. 시련유죽산창하始憐幽竹山窓下에 불개청음대아귀不改淸陰待我歸 ── 100

34. 쌍옥제번雙玉蹄翻 —————————————————— 102

35. 암향부동월황혼暗香浮動月黃昏 ———————————— 104

36. 아곡我哭을 여곡汝哭할디, 여곡을 아곡허니 ————— 107

37. 어주축수魚舟逐水 홍도紅桃 ———————————— 109

38. 연이신혼宴爾新婚 ————————————————— 112

39. 연축비화락무연燕蹴飛花落舞筵 —————————— 116

40. 엄루사단봉掩淚辭丹鳳 —————————————— 119

41. 여관旅館 한등寒燈 잠 못 들 제 —————————— 123

42. 옥동도화만수춘玉洞桃花萬樹春 —————————— 125

43. 옥창형영玉窓螢影 ———————————————— 127

44. 용산龍山의 형제兄弟 이별離別 —————————— 130

45. 운담풍경근오천雲淡風輕近午天 —————————— 133

46. 은린옥척銀鱗玉尺 ———————————————— 136

47. 일년명월금소다一年明月今宵多 —————————— 138

48. 일각(일일)여삼추一刻(一日)如三秋 ———————— 142

49. 일함정루홍유습一緘情漏紅猶濕이요 만지춘수묵미건滿紙春愁墨未乾 —— 144

50. 장성일면용용수長城一面溶溶水, 대야동두점점산大野東頭點點山 —— 147

51. 장주莊周가 호접胡蝶되고, 호접이 장주되어 ———— 150

52. 적벽강赤壁江 추야월秋夜月에 소자첨蘇子瞻도 놀았고 —— 152

53. 전도유랑금우래前度劉郎今又來 —————————— 156

54. 전원田園이 장무호불귀將蕪胡不歸라 삼경三徑이 취황就荒 거칠 황荒 —— 159

55. 제롱망채엽提籠忘採葉 ──────────────── 164

56. 차문주가하처재借問酒家何處在, 목동요지행화牧童遙指杏花. ── 166

57. 창오산붕상수절蒼梧山崩湘水絶이라야 죽상지루내가멸竹上之淚乃可滅 ── 169

58. 천고일월명天高日月明, 지후초목생地厚草木生 ──────── 173

59. 천리강릉千里江陵 늦어간다, 조사백제朝辭白帝 채운彩雲이 왔느냐 ── 175

60. 천지지간만물지중天地之間萬物之中에 유인唯人이 최귀最貴하나니라 ── 177

61. 천추만세千秋萬歲 ──────────────────── 179

62. 행궁견월상심색行宮見月傷心色,
    춘풍도리화개야春風桃李花開夜, 야우문령단장성夜雨聞鈴斷腸聲 ── 186

63. 칠월류화七月流火어든 구월수의九月授衣 ──────────── 194

64. 침상편시춘몽중枕上片時春夢中 ──────────────── 197

65. 하교불상송河橋不相送허니 강수원함정江樹遠含情 ─────── 199

66. 한산사寒山寺 ─────────────────────── 201

67. 홍영자공산호편紅纓紫鞚珊瑚鞭, 옥안금천황금륵玉鞍錦韉黃金勒 ── 204

68. 화류동풍花柳東風 ───────────────────── 207

부록: 춘향가 5개 창본 인용 한시문 비교 ──────────── 211

1

경세우경년經歲又經年

> "나를 모르나, 내가 왔네. **경세우경년**經歲又經年하니 자네 본 지가 오래여. 세거인두백歲去人頭白하니 백발이 완연히 되니 자네 일이 말이 아니로세. 나를 모르나? 어허, 자네가 날 몰라? 내 성姓이 이가李家래도 자네가 날 몰라?"
> "이가李哥라니 어떤 이가? 성城 안 성 밖 많은 이가 어느 이간 줄을 내가 알어? 자네는 성만 있고 이름은 없는가? 어이?"
> "어허, 장모 날 몰라? 우리 장모가 망령妄靈이여. 나를 모르나? 어허, 장모 자네가 날 몰라?"
>
> <어사와 춘향모 상봉>

    당대 여류 시인 유채춘劉采春[1]의 〈나홍곡囉嗊曲〉 6수[2] 가운데 첫 작품 속에 '경세우경년經歲又經年' 즉, '해가 지나고 또 지나 여러 해가 지나고'라는 시구가 등장한다.

    춘향모가 걸인이 되어 나타난 이도령이 바로 춘향의 연인 이몽룡이라는 것을 알면서도 온 몸으로 거부하는 것이 아니겠는가? 이도령을 알아보지 못하는 춘향모에게 이도령이 오랜 세월이 지났음을 말하면서도,

---

1 유채춘劉采春 : 당대唐代 여류시인. 출생과 사망의 시기를 알 수 없다. 회전淮甸 즉 현재의 강소성 회안 출신이며, 남편인 주계숭의 관직에 따라 월주越州 즉 현재의 절강성 소홍으로 이주한다. 당대 연예 양식의 하나인 참군희參軍戱에 능했다. 참군희는 재치와 해학을 통해 군사를 즐겁게 해주는 만담 형식의 공연이다. 그녀는 꾀꼬리같은 성대의 소유자로서 당시 유명 문인 원진元稹(779-831)과 여류시인 설도薛濤(768-832)와 교류했다.
2 《唐詩鑑賞大辭典》

아무리 시간이 흘렀다 한들 정작 자신을 기억하지 못하는 춘향모에 대한 원망과 한탄을 자조적으로 표현하고 있다.
　유채춘의 〈나홍곡囉嗊曲〉 6수六首 가운데 첫 번째 작품은 다음과 같다.

〈나홍곡囉嗊曲〉 6수六首 기일其一　　- 유채춘劉采春

不喜秦淮水　　진나라에 흐르는 회수를 보아도 즐겁지 않고
生憎江上船　　강위에 떠다니는 배도 밉더라
載兒夫婿去　　지아비와 사위마저 싣고 가더니
經歲又經年　　해 지나고 또 한 해 지나가네

　지아비를 싣고 떠나 오랜 시간이 지나도 돌아오지 않는 슬픔 속에서, 지아비를 싣고 떠난 회수 물줄기와 회수 위를 왕래하는 배 한 척마저도 슬픔만을 더하게 한다. 더구나 덧없이 흘러가는 시간을 표현하고 있는 '경세우경년經歲又經年'은 고조되는 이별의 슬픔과 함께, 재회의 기대마저 기약할 수 없는 안타까운 현실을 함축하고 있다.
　부귀영화도 아무런 소용이 없다. 내 님과 함께하는 소박한 행복을 꿈꿀 뿐이다. 하지만 '내 님인 줄, 내 님이 타고 오는 배인 줄 알고 착각했던 것이 그 얼마인가'라고 말하는 바와 같이, 간절히 소망하는 재회는 그 언제가 될 것인지 기약할 수조차 없다.
　빠르게 흘러가는 시간 속에서 지아비를 멀리 떠나보내고, 기약할 수조차 없는 귀환만을 학수고대鶴首苦待하는 상인을 지아비로 둔 아내의 절실한 심정을 노래한 〈나홍곡〉 6수 가운데 세 번째 작품은 다음과 같다.

〈나홍곡囉嗊曲〉 6수六首 기삼其三 — 유재춘劉采春

莫作商人婦 (막작상인부)	상인의 부인은 되지도 마라
金釵當卜錢 (금채당복전)	금비녀도 복채로 써버렸네
朝朝江口望 (조조강구망)	아침마다 강어귀를 바라보다
錯認幾人船 (착인기인선)	(내 님인 줄) 착각했던 사람과 배는 그 얼마이던가?

2

곡종비거부지처曲終飛去不知處
산하벽도춘자래山下碧桃春自來

> 말을 마치지 못하여 남벽南壁에서 어떠한 부인이 추추啾啾히 울고 나와 춘향의 등을 어루만지며,
> "네가 나를 모르리라. 나는 진루명월秦樓明月 옥소성玉簫聲에 화선化仙하던 농옥이라. 태화산 이별 후에 승룡비거乘龍飛去 한이 되어 옥통소로 원을 풀 제, **곡종비거부지처**曲終飛去不知處에 **산하벽도춘자래**山下碧桃春自來는 나를 두고 이름이라."
> 말이 마치지 못하여 동벽에서 어떤 미인이 단정히 들어오며, 춘향 손을 덥벅 잡고,
> "여보게 춘향이, 자네 나를 어찌 알리? 십곡명주十斛明珠 석가랑石哥郞을 따라가던 녹주綠珠로세."
>
> <옥중가> 중 '꿈에 황릉묘黃陵廟 가는 데'

춘향이가 옥에 갇혀 고초를 겪고 있을 때, 꿈속에서 황릉묘黃陵廟를 찾아가니, 농옥弄玉[1]이 나타나 옥피리를 불어 봉황을 타고 하늘로 올라가 소원을 푼 이야기를 들려주는 대목이다. 곡종비거부지처曲終飛去不知處는 허혼許渾의 <구산묘緱山廟>에 등장하는 시구이다.

---

[1] 농옥弄玉 : 춘추시대 진 목공秦穆公의 딸. 성이 진秦으로 秦은 영嬴과 같아서 영녀嬴女라고도 함. 피리를 잘 부는 소사簫史를 좋아하여 그에게 시집 가 피리를 배워, 봉황새를 오도록 한 뒤, 부부가 그 봉황을 타고 하늘에 올라 신선이 되었다고 전해진다.《한시어사전》, 국학자료원, 2007.7.9.

〈구산묘緱山廟〉² — 허혼許渾³

王子吹簫月滿臺	왕자께서 달빛 가득한 대에 올라 피리를 연주하니
玉簫淸轉鶴徘徊	옥피리 소리 맑게 퍼져나가 학들은 배회하네
曲終飛去不知處	곡조 마치자 어디론가 날아가 버리고
山下碧桃春自來	산기슭 복숭아나무에 절로 봄이 오네

허혼의 〈구산묘〉는 농옥弄玉과 소사簫史를 소재로 한 사랑의 시이다. 옥돌을 가지고 놀기를 좋아했던 농옥은 생황笙篁 연주 실력이 뛰어났다. 그리고 생황을 잘 부는 사람에게 시집을 가겠다는 희망을 간직했던 농옥은 태화산에 살고 있는 신선인 소사를 만나, 생황으로 봉황을 불러 타고 신선이 되어 하늘로 날아가고, 지상에는 고운 봄이 복숭아나무 사이로 오고 있음을 노래하고 있다.

농옥이 신선 소사를 만나 신선이 되어 하늘로 올라가는 소원을 성취했던 해피엔딩의 고사를 춘향에게 말해주는 대목이다. 지금은 고통스러운 절망의 시간이지만, 간절히 소망한다면 바램이 이루어진다는 결코 버릴 수 없는 희망과 함께 미래에 대한 낙관적인 전망을 암시하고 있다.

---

2 《許渾詩全集》卷538.
3 허혼許渾(791-854) : 중국 당나라의 시인. 윤주潤州 단양현丹陽縣 출신. 절강성浙江省 목주睦州, 호북성湖北省 영주郢州 등의 자사刺史를 역임했다. 자연의 정취를 즐기기도 하고 비분강개하는 정열을 가진 시인이기도 했다. 그의 대표작으로는 〈등고회고편登高懷古編〉이 있고, 시집으로는 《정묘집丁卯集》이 있다.

3

공문한강천리외共問寒江千里外
정객관산로기중征客關山路幾重

> 도련님이 기가 막혀,
> "오냐. 춘향아, 우지 마라. 오吳나라 정부征夫라도 각분동서各分東西 임 그리워 규중심처閨中深處 늙어 있고, **공문한강천리외의 관산**[1]**월야**關山月夜 높은 절행 추월강산秋月江山이 적막헌디, 연蓮을 캐며 상사想思허니, 너와 나와 깊은 정을 상봉相逢헐 날이 있을 테니, 쇠끝같이 모진 마음 홍로紅爐라도 녹지 말고, 송죽松竹같이 굳은 절개節槪, 네가 날 오기만 기다려라."
> 둘이 서로 꼭 붙들고 실성발광失性發狂으로 울음을 운다.
>
> <이별가>

'공문한강천리외共問寒江千里外'는 춘향이가 이별이 서러워 탄식하는 대목에 인용된 당대 왕발王勃[2]의 〈상화가사相和歌辭 · 채련귀采蓮歸〉 가운데 마지막을 장식하는 시구이다. '차가운 강가에서 천리 밖에 머무는 남편의 소식을 묻고, 전쟁터의 달빛에서 남편의 모습을 그리는 부인의 절개 있는 행동'을 노래한 작품이다. 이도령은 이별을 서러워하는 춘향에게 연蓮뿌리와도 같은 깊은 두 사람의 인연을 되뇌이며, 깊은 사랑의

---

1 관산關山 : 국경이나 주요 장소 주변에 있는 산. 관산은 변경 지방을 상징하는 일반적인 명칭으로 사용된다.
2 왕발王勃(650-676) : 중국 강주絳州 용문龍門(산서성山西省 하진현河津縣) 출신, 자字는 자안子安, 초당사걸初唐四傑이라 불리는 중국 당나라 초기의 대표적 시인. 종래의 완미婉媚한 육조 시六朝詩의 껍질을 벗어나 참신하고 건전한 정감을 읊어 성당시盛唐詩의 선구자가 되었다. 특히 5언 절구五言絶句에 뛰어났다. 시문집《왕자안집王子安集》등을 남겼다.

언약 속에 송죽같은 곧은 절개와 믿음으로 자신을 기다려 줄 것을 춘향이에게 당부한다.

초당사걸[3]의 대표작가 왕발의 〈상화가사·채련귀〉는 다음과 같다.

〈상화가사相和歌辭·채련귀采蓮歸〉 — 왕발王勃

采蓮歸(채련귀)	연밥따고 돌아 가는 길
綠水芙蓉衣(녹수부용의)	푸른 물에 부용꽃 옷을 입었네
秋風起浪鳧雁飛(추풍기랑부안비)	가을 바람에 물결이 일고, 오리와 기러기도 날아 오르네
桂棹蘭橈下長浦(계도란요하장포)	계수나무 노와 난초 노를 저어 멀리 포구로 내려가니
羅裙玉腕輕搖櫓(나군옥완경요로)	비단치마 걸치고 옥같이 흰 팔로 가볍게 노를 저어 가네
葉嶼花潭極望平(엽서화담극망평)	연잎은 섬 되고 연꽃은 못 되어 그 끝이 아득하기만 하여
江謳越吟相思苦(강구월음상사고)	강노래와 월越 시가는 (강물은 출렁거리며) 그리움의 고통이네
相思苦(상사고)	그리움의 고통!
佳期不可駐(가기불가주)	아름다운 시절은 머물러주지 않는구나
塞外征夫猶未還(새외정부유미환)	만리장성 너머로 떠난 남편은 돌아오지 않고
江南采蓮今已暮(강남채련금이모)	강남에서는 연밥을 따다보니 이미 날은 저물었네
今已暮, 采蓮花(금이모, 채련화)	이미 날이 저물었는데도 연밥을 따고 있네

---

3 초당사걸初唐四傑: 중국 초당기初唐期(7세기)의 시단을 대표하는 왕발王勃·양형楊炯·노조린盧照鄰·낙빈왕駱賓王 등 4명의 시인을 가리키며, 성姓만을 따서 '왕양노락王楊盧駱'이라고 일컬어진다. 젊어서 시단에서 이름을 떨쳤지만, 양형을 제외하고는 모두 사회적으로 불우하게 인생을 살았다. 초당 시기 근체시의 정립 과정에서 남조南朝의 유미주의의 경향에서 벗어난 청순함과 새로운 감각과 새로운 표현 등은 성당시盛唐詩의 맹아가 된 것으로 평가된다.

渠^거今^금那^나必^필盡^진娼^창家^가	어찌 오늘 날 하필 창가에서 모두 쓰리오?[4]
官^관道^도城^성南^남把^파桑^상葉^엽	성의 남쪽 넓은 길에서 뽕잎 따는 일이
何^하如^여江^강上^상采^채蓮^련花^화	어찌 강 위에서 연밥 따는 일과 같으리오?
蓮^연花^화復^부蓮^련花^화	연꽃에 또 연꽃이요
花^화葉^엽何^하稠^조疊^첩	꽃잎은 어찌 또 겹겹인가
葉^엽翠^취本^본羞^수眉^미	연잎의 푸르름은 부끄러워하는 눈썹같고
花^화紅^홍强^강如^여頰^협	꽃의 붉은 색은 볼처럼 강렬하네
佳^가人^인不^부在^재玆^자	아름다운 사람은 여기에 있지 않고
悵^창望^망別^별離^리時^시	이별의 시간만 슬프게 돌아보네
牽^견花^화憐^련共^공蒂^체	연꽃을 끌어 당기니 붙은 꽃대가 가엽고
折^절藕^우愛^애連^련絲^사	연근을 자르니 이어졌던 실이 애처롭네
故^고情^정無^무處^처所^소	옛 정은 떠나 머물 곳도 없고
新^신物^물從^종華^화滋^자	새로운 사람은 오로지 빛나고 무성하네
不^불惜^석西^서津^진交^교佩^패解^해	서편 나루에서 패물끈 풀기 아깝지 않고
還^환羞^수北^북海^해雁^안書^서遲^지	북해에서 기러기 편지 늦음이 괴롭네[5]

---

4 '거금나필진창가渠今那必盡娼家' 구는 '지금은 선창가 어찌하든 기생집에서는 끝내겠지'라고도 해석된다.

5 소무蘇武의 목양고사牧羊故事 : 전한前漢시대 소무(기원전 140-80)는 7대 황제인 무제의 명을 받아 흉노匈奴에 사신으로 갔다가 구금당한다. 흉노의 선우單于는 포로를 인솔해 온 소무 일행을 사로잡았고, 온갖 위협과 회유에도 꿈쩍 않자 소무를 땅굴에 가두었다가 북해北海(바이칼호)로 쫓았다. 숫양이 새끼를 낳으면 보내준다고 하고 식량도 주지 않아 들쥐와 풀뿌리로 연명했다.

소무목양蘇武牧羊 즉, 소무가 양을 친다牧羊는 말은 충절을 상징한다. 절개에 반한 선우의 동생이 양과 소를 보내줘, 소무는 19년간 온갖 고생을 이겨내며 고국에 돌아갈 날만을 기다렸다. 무제가 죽고 관계가 회복되자 천신만고 끝에 한나라로 돌아갈 수 있었다. 한나라의 사신을 상징하는 부절符節을 잠시도 놓지 않았다 하여 충절을 소무지절蘇武持節이라 말한다. 고난 속에 절조를 지킨 소무의 일생은 반고班固의 《한서漢書》와 이백의 오언시 〈소무蘇武〉에도 상세히 기록되어 있다.

采蓮歌有節	연밥 따는 노래에는 절조가 있지만
采蓮夜未歇	연밥 따는 일은 밤이 되어도 끝나지 않네
正逢浩蕩江上風	세찬 강물 위의 바람을 바로 마주하다가
又值裴回江上月	배회하는 강 위의 달을 맞이하네
裴回蓮浦夜相逢	연꽃포구를 배회하다가 서로 만나니
吳姬越女何豊茸	오나라와 월나라의 미녀[6]는 어찌 그리 아름다운가?
共問寒江千里外	천리 밖의 강물에게 같이 묻노니
征客關山路幾重	멀리 전장터에 나간 장부에게 관산길은 몇 겹이던가?

---

6 월녀越女는 일반적으로 서시西施를 일컫는 명칭이지만, 이 작품에서는 연꽃을 미인으로 의인화하여 표현하고 있다.

4

군산만학부형문群山萬壑赴荊門에
왕소군王昭君이 삼겨나고

> 영웅열사英雄烈士와 절대가인絕對佳人이 삼겨날 제 강산정기江山精氣를 타고 나는디, **군산만학부형문**群山萬壑赴荊門에 **왕소군**王昭君이 삼겨나고, 금강활이아미수錦江滑膩峨帽秀에 설도薛濤 문군文君 탄생誕生이라. 우리나라 호남좌도湖南左道 남원부南原府는 동으로 지리산, 서으로 적성강赤城江 산수정기山水精氣 어리어서 춘향이가 삼겼것다.
>
> <춘향 내력>

'군산만학부형문群山萬壑赴荊門'은 옛 자취를 회고하며 부르는 두보杜甫의 <영회고적詠懷古跡> 5수五首 가운데 제3수에서 등장하는 시구이다. 모든 산과 골짜기가 빼어난 산세를 자랑하는 형문荊門에서 중국을 대표하는 4대 미인 가운데 으뜸으로 손꼽히는 왕소군이 태어났듯, 수려한 산세를 자랑하는 전라도 남원의 정기를 받아 절세가인絕世佳人 춘향이가 태어났다는 인물 소개의 대목이다.

<영회고적詠懷古跡> 기삼수其三首 — 두보杜甫

群山萬壑赴荊門 (군산만학부형문)   모든 산과 골짜기가 형문으로 달려가
生長明妃[1]尚有村 (생장명비상유촌)   왕소군이 나고 자란 마을 아직도 여전하네

---

1 명비明妃 : 중국 4대 미인 가운데 으뜸으로 꼽히는 왕소군王昭君을 말함.

一去紫臺²連朔漠	이미 떠나 버린 궁전은 사막으로 이어지고
獨留靑塚³向黃昏	홀로 고요한 무덤에 남아 황혼을 바라보네
畵圖省識春風面	초상화 그릴 때 알았으리 봄바람 고운 얼굴
環佩空歸月夜魂	패물이 속절없고 달밤에 넋만 돌아오네
千載琵琶作胡語	천년의 비파소리 흉노의 말뿐이나
分明怨恨曲中論	분명 그 원한 가락으로 하소연하리

　왕소군王昭君은 춘추시대春秋時代의 서시西施, 삼국시대의 초선貂蟬, 당나라의 양귀비楊貴妃와 함께 중국 4대 미인⁴으로 지칭되고 있는 서한西漢 원제元帝 때의 궁녀로, 진나라 때 사마소司馬昭의 이름과 글자가 같은 것을 피하기 위하여 왕영군王寧君이라 하였고, 명비明妃라고도 불렀다.

　후한의 《서경잡기西京雜記》⁵의 기록에 따르면, 많은 후궁들은 화공에게 뇌물을 바치고 초상화를 아름답게 그리게 하여 황제의 총애를 구하였는데, 왕소군은 뇌물을 바치지 않아 추한 얼굴로 그려졌고, 이로 인하여 오랑캐인 흉노匈奴의 왕 선우單于의 아내로 뽑히게 되었다. 왕소군이 말을 타고 떠날 때 원제는 단아한 절세미인 왕소군을 보고 크게 후회하

2　자대紫臺 : 궁전.
3　청총靑塚 : 풀이 무성한 왕소군의 무덤. 불모지대인 선우의 오랑캐 땅에서 왕소군의 무덤에 풀이 무성하게 자라 붙여진 이름.
4　중국의 사대미인 : 일반적으로 경국지색傾國之色으로 일컬어지는 서시西施, 왕소군王昭君, 초선貂蟬, 양귀비楊貴妃 4명의 미인을 말한다. 서시는 침어沈漁, 초선은 폐월閉月, 왕소군은 낙안落雁, 양귀비는 수화羞花 등의 별칭으로 더욱 유명하다.
5　《서경잡기西京雜記》: 중국 진晉나라의 갈홍葛洪이 전한前漢 시대의 잡사를 기록한 저서로서 모두 6권. 전한 말의 유흠劉歆이 원저자라고도 하나 분명하지 않다. 전한의 천자 · 후비 · 유명 인사들의 일화, 궁실의 제도와 풍습, 원지苑池 · 비보秘寶 등에 관한 잡다한 내용을 수록하고 있다. 수도 장안長安을 중심으로 지리풍속 · 사건 · 제도, 특히 천자가 상주한 미앙궁未央宮, 궁중의 천자 원지인 상림원上林苑 · 곤명지昆明池 등의 기사는 매우 상세하며, 정사正史를 보충하는 사료로 쓰인다. 이로 인하여 옛날부터 시인들은 작시의 재료로 이용해 왔다.

여, 왕소군을 추하게 그린 화공 모연수毛延壽를 참형에 처하였다는 일화가 전해진다.

이러한 왕소군의 일화는 세월의 흐름에 따라 구전되어 흉노와 화친정책으로 인하여 희생된 비극적 여인상으로 형상화되어 구전문학의 소재가 되었다. 이백李白, 백거이白居易 등 많은 시인들이 그녀를 소재로 시를 지었다.

〈왕소군王昭君〉 — 이백李白

昭君拂玉鞍	왕소군이 백옥 안장 떨치고
上馬啼紅顔	말에 올라 고운 얼굴 울고 있네
今日漢宮人	오늘은 한 나라 궁중 여인이나
明朝胡地妾	내일 아침이면 오랑캐 땅의 첩이 될 몸이라네

이백의 시 〈왕소군〉은 본래 두 작품으로 구성되어 있는데, 위에서 소개한 시는 두 번째 작품이다. 왕소군의 고운 얼굴이 눈물에 젖었고, 오늘은 한나라의 궁중 여인이지만 내일은 흉노 선우의 첩이 되는 가련한 운명을 그렸다. 당나라 시기에는 변경지역의 안정을 도모하기 위해 시행된 혼인정책으로 인해 황실의 공주公主를 이민족에게 출가시키는 일이 증가하였다. 이러한 시대배경 속에서 이백은 당대의 혼인정책을 풍자하여 바로 이 〈왕소군〉을 지었다는 창작 배경을 지니고 있다.[6]

---

6   왕소군王昭君, 《한시작가작품사전》, 국학자료원, 2007.

5

권군갱진일배주勸君更進一杯酒

> 와상臥床 우에 자리를 펴고 술상 채려 내어 놓으며,
> "아이고, 여보 도련님. 이왕에 가실 테면 술이나 한 잔 잡수시오."
> 술 한 잔을 부어 들고,
> "권군갱진일배주勸君更進一杯酒허니, 권할 사람 뉘 있으며, 위로 헐 이 뉘 있으리? 이 술 한 잔을 잡수시고 한양을 가시다가 강수청청江水靑靑 푸르거든 원함정遠含情을 생각허고, 마상馬上에 뇌곤허여 병이 날까 염려오니, 행장을 수습허여 부디 평안이 행차허오."
>
> 김세종 바디 <이별가>

다시 만날 기약도 없이 길 떠나는 낭군에게 술이라도 한 잔 올리려는 춘향의 마음이야 오죽하겠는가. 언제 다시 볼지 모르는 이별의 순간, 사랑하는 이와 헤어져야 하는 이별의 애절함 속에서 슬픔과 사랑을 가득 담은 술 한 잔밖에 권할 수 없는 체념한 춘향이의 모습이 함축적으로 담겨있다. '권군갱진일배주勸君更進一杯酒' 즉, "그대에게 권하노니 다시 한 잔의 술을 드시게"라는 시구는 왕유王維[1]의 <송원이사안서送元二使安西>에 등장하는데, 그 작품은 다음과 같다.

---

1 왕유王維(699?-759) : 중국 당唐의 시인이자 화가로서 산서성山西省 출신으로, 자는 마힐摩詰. 자연을 소재로 한 서정시에 뛰어나 '시불詩佛'이라고 불리며, 수묵水墨 산수화에도 뛰어나 남종문인화南宗文人畵의 창시자로 추앙 받는다. 장안 교외 남전藍田의 망천장輞川莊에서 반관반은半官半隱의 생활을 영위했으며, 시집 《왕우승집王右丞集》이 있다.

〈송원이사안서宋元二使安西〉 — 왕유王維

渭城² 朝雨浥輕塵 　위성에 내리는 아침 비 먼지를 적시니
客舍靑靑柳色新 　객사의 푸른 버들 새로이 푸르기만 하네
勸君更進一杯酒 　그대에게 권하노니 술 한 잔 더 들게나
西出陽關³無故人 　서쪽 양관 땅에 가면 벗마저도 없으리

　중국에서는 예로부터 길 떠나는 이에게 버들가지를 꺾어 주면서 송별을 하는 풍습이 있었다. 하지만 비가 내려 산뜻해진 버들잎을 꺾어 준다면 친구의 장도를 축하하고 격려해 주는 희망찬 이별로 보인다. 지금은 이별하여 먼 곳으로 가지만 돌아올 날을 기약할 수 있으니, 권하는 술 한 잔이 그리 어두운 분위기는 아니다.
　그러나 춘향이가 이 문구를 차용하여 표현하는 그 심정은 희망의 이별이라기보다는, 기약 없는 체념의 이별을 담은 술 한 잔이기에 전해지는 마음이 더욱 절절하다 아니할 수 없다.

2　위성渭城 : 당대 수도였던 장안長安, 현재 섬서성陝西省의 성도인 서안西安의 서북쪽에 있는 지명. 섬서성 함양현咸陽縣 동쪽 진秦의 수도였던 함양咸陽을 말한다.
3　양관陽關 : 옥문관玉門關과 더불어 서역지방으로 향하는 실크로드 교통의 요지에 위치한 관문.

6

금강활이아미수錦江滑膩峨嵋秀에
설도문군薛濤文君 탄생이라

> 영웅열사英雄烈士와 절대가인絶對佳人이 삼겨날 제 강산정기江山精氣를 타고 나는디, 군산만학부형문群山萬壑赴荊門에 왕소군王昭君이 삼겨나고, **금강활이아미수**錦江滑膩峨嵋秀에 **설도**薛濤 **문군**文君 **탄생**誕生이라. 우리나라 호남좌도湖南左道 남원부南原府는 동으로 지리산, 서으로 적성강赤城江, 산수정기山水精氣 어리어서 춘향이가 삼겼것다.
>
> <춘향 내력>

당唐나라의 저명한 여류시인 설도薛濤[1]가 인용된다. 그녀의 자는 홍도洪度로, 원래 장안長安 사람이었으나 어려서 아버지를 따라 촉蜀 땅으로 들어갔다. 아버지는 하층 관리로 촉 땅으로 온 지 얼마 되지 않아 죽었고, 청상과부인 어머니에다 집안마저 가난했던 설도는 악적樂籍에 들어 악기樂妓가 되었다.

그러나 설도는 선천적으로 음률에 능통하여 시가를 잘 지었고, 당시 유명 인사들과 즐겨 교류하였다. 위고韋皐·원진元稹·백거이白居易·두목杜牧 등의 기라성 같은 문인들과 시를 주고받으며 교류했다. 그녀는 성도의 백화담白花潭에 살면서 송화지松花紙와 소채지小彩紙를 만들어 당

---

1 설도薛濤(770?-830?) : 중국 장안 출신, 자字는 홍도洪度. 당대唐代의 명기名妓이자 여류시인. 덕종德宗(재위 779-805) 때, 위천韋泉이 사천안무사四川按撫使로 이 지방을 다스렸을 때, 설도를 주석에 불러 시를 짓게 하고 여교서女校書라 칭했다. 후세에 기녀를 교서校書라 칭하게 된 것은 여기에서 유래한다.

시의 유명 인사들에게 선물로 주었고, 시로써 증답贈答했던 것으로도 유명하다.

설도는 우리에게도 친숙한 가곡 〈동심초同心草〉의 원작자이다. 〈동심초〉는 원래 설도의 작품 〈춘망사春望詞〉 가운데 세 번째 연의 '동심초'를 제목으로 삼아, 김소월의 스승인 김억이 번역하고, 김성태가 작곡한 작품이다.

위고韋皐는 천서절도사川西節度使로 부임한 뒤에 그녀를 불러 함께 술을 마시고 시를 지었다. 그는 황제에게 주청하여 그녀를 교서랑校書郎에 제수하려고 하였다. 비록 호군護軍의 저지로 뜻을 이루지 못하였지만, 그 뒤로 사람들은 그를 '설교서薛校書' 혹은 '여교서女校書'라고 불렀다.

이후 원진이 동천감찰어사가 되어 재주梓州(지금의 사천성四川省 삼대三台)에 부임했다. 원진은 익히 설도의 명성을 알고 있었기 때문에 엄수를 설도에게 보내 재주로 오도록 초청했다.[2] 당시 설도의 나이는 40세, 원진의 나이는 30세였으나, 원진은 아내 위총이 세상을 떠난 이후서 두 사람은 서로 사랑하게 되고, 시를 화창하며 함께 생활하였다.

그러나 원진이 동천절도사 염려를 탄핵하면서 조정 대관들의 비위를 건드려 장안으로 소환 당하였다. 소환되어 가던 도중 부수역에서 환관과 다툼이 벌어져 810년 2월 강릉부의 참관으로 폄직 당한다. 원진과 설도는 겨우 3개월을 함께하고 헤어졌다. 그 후 두 사람은 만나지 못했지만 시를 주고받았는데, 설도와 원진 두 사람의 관계를 부부의 정으로 묘사하고 있다. 그 후 원진은 장안의 한림원에 재직할 때 〈기증설도寄贈薛濤〉를 지어 옛 사랑에 대한 깊은 정회를 표현했다.

---

2 《당재자전唐才子傳》卷6 〈설도薛濤〉: "元和中, 元微(元稹)之使蜀, 密意求訪, 府公嚴司空知之, 遣濤往侍. 微之登翰林, 以詩寄之."

〈기증설도寄贈薛濤〉 — 원진元眞

錦江滑膩峨嵋秀	금강의 부드러움과 아미산의 빼어남은
幻出文君與薛濤	그 정령이 탁문군[3]과 설도로 바뀌어 나온 것!
言語巧偸鸚鵡舌	말 솜씨는 앵무새 혀를 훔친 듯 교묘하고
文章分得鳳凰毛	글 솜씨는 봉황새 깃털처럼 나부낀다(나누어 가졌다)
紛紛詞客皆停筆	분분히 모여든 시인들 모두 붓을 멈추고
個個公侯欲夢刀	하나 둘 공경대부들 성도로 가는 꿈을 꾸었지
別後相思隔煙水	이별 후 그리움은 안개 자욱한 강물 넘어
菖蒲花發五雲高	창포 꽃 만발할 때면 오색 구름보다 높아라

〈춘향가〉의 시작 부분에 이 두 구절을 인용함으로써, 설도와 탁문군卓文君이 빼어난 산세의 정기를 받아 태어난 바와 같이, 산세 수려한 남원의 정기를 받아 춘향이가 태어날 수밖에 없었다는 필연적인 운명을 증명하듯 말하고 있다.

사랑을 이루지 못한 안타까운 삶을 살았던 고대 미녀 설도와 탁문군과의 비유를 통해서 앞으로 펼쳐질 순탄하지만은 않을 춘향이의 삶을 암시하는 복선도 깔려 있다. 한시의 인용문을 통해 함축적 의미를 전달하고자 하는 작가의 의도를 엿볼 수 있는 대목이다.

---

3   탁문군卓文君 : 서한시대西漢時代의 임공臨邛(지금의 사천성四川省 공래시邛崍市) 사람으로, 미모가 뛰어나고 거문고와 문장에 능했으며 가문이 부유했다. 어릴 때부터 남달리 총명했던 탁문군은 박학다식하여 시가사부詩歌詞賦 음률 등 어느 것 하나 정통하지 않은 것이 없었던 인물로 평가된다. 사마상여司馬相如와 신분을 초월한 사랑이야기는 봉건적 윤리관에 반항하는 당당한 여성상을 보여준다.

7

금슬우지琴瑟友之

> 쑥대머리 귀신鬼神 형용形容 적막寂寞 옥방獄房 찬 자리에 생각난 것이 임뿐이라.
> "보고지고, 보고지고, 한양 낭군 보고지고. 오리정五里亭 정별情別 후로 일장수서一張手書를 내가 못 봤으니, 부모 봉양奉養 글공부에 겨를이 없어서 이러는가? 연이신혼宴爾新婚 금슬우지琴瑟友之 나를 잊고 이러는가? 계궁桂宮 항아姮娥 추월秋月같이 번듯이 솟아서 비취고저. 막왕막래莫往莫來 막혔으니 앵무서鸚鵡書를 내가 어이 보며, 전전반측輾轉反側 잠 못 이루니 호접몽胡蝶夢을 어이 꿀 수 있나? 손가락에 피를 내어 사정事情으로 편지하고, 간장肝腸의 썩은 눈물로 임의 화상畵像을 그려볼까?"
>
> <쑥대머리(옥중가)>

〈춘향가〉 가운데에서도 춘향이가 옥중에서 이도령을 그리워하며 부른 옥중가獄中歌인 〈쑥대머리〉의 한 대목이다. "꽃 같은 얼굴 달 같은 태도(화용월태花容月態)를 갖춘 미인 춘향이가 매 맞고 감옥에 갇히게 되자, 쑥대처럼 헝클어진 머리에 마치 귀신과도 같은 기괴한 몰골로 변해버렸다. 찬바람 부는 옥방에서 절망밖에 남은 것이 없는 춘향이가 할 수 있는 유일한 것이라곤 한양에 있는 이도령을 그리워하는 일일 뿐이다. '애간장이 썩어서 나오는 자신의 눈물로 임의 얼굴을 그려보겠다'는 것이 춘향의 유일한 소망이라지만, 아무도 알아 줄 사람이 없는 적막한 현실을 노래하고 있다.[1]

---

1 이홍주의 비하인드 뮤직스토리 : (267) 판소리 〈춘향가〉 '쑥대머리~'의 친절 : 네이버블로그

'금슬우지琴瑟友之'는 바로 《시경》〈주남周南·관저關雎〉에 나오는 시구詩句로서, 새로이 결혼한 부부가 금슬 좋게 지낸다는 의미이다. 서로 〈사랑가〉를 부르며 죽을 때까지 함께 하자던 이 도령은 옥에 갇힌 춘향이 신세를 알고나 있는 것인지. 신혼부부는 금슬 좋게 지내는데, 불쌍한 춘향이를 잊어버리고 이도령은 새로 결혼한 아내와 금슬 좋게 지내는가? 나마저 잊었단 말인가? 일부러 이몽룡을 떠보는 듯, 춘향이가 부부 금슬琴瑟을 시샘하는 모양새를 표현하고 있다.

〈주남周南·관저關雎〉

關關雎鳩 (관관저구)	구룩구룩 물수리는
在河之洲 (재하지주)	황하의 섬에서 우네
窈窕淑女 (요조숙녀)	요조숙녀는
君子好逑 (군자호구)	군자의 좋은 짝이네
參差荇菜 (참치행채)	올망졸망 마름풀을
左右流之 (좌우류지)	이리저리 헤치며 찾네
窈窕淑女 (요조숙녀)	요조숙녀를
寤寐求之 (오매구지)	자나깨나 구하네
求之不得 (구지불득)	구해도 찾지 못해
寤寐思服 (오매사복)	자나깨나 생각하네
悠哉悠哉 (유재유재)	생각하고 생각하니
輾轉反側 (전전반측)	잠 못 들고 이리저리 뒤척이네
參差荇菜 (참치행채)	올망졸망 마름풀을
左右采之 (좌우채지)	이리저리 뜯어보네
窈窕淑女 (요조숙녀)	요조숙녀를

금슬우지	
琴瑟友之	금슬 좋게 사귀려네
참치행채	
參差荇菜	올망졸망 마름풀을
좌우모지	
左右芼之	여기저기 뜯어보네
요조숙녀	
窈窕淑女	요조숙녀와
종고락지	
鍾鼓樂之	풍악 울리며 즐기려네

《시경》에 수록된 작품 305편 가운데 맨 처음 첫 번째에 실려 있는 작품인 〈주남周南·관저關雎〉(즉, 〈물수리〉)는 아리따운 아가씨를 향한 사내의 설레는 마음을 표현하고 있다. 공자는 이 시에 대하여 "화락하면서도 음란하지 않고 애잔하면서도 감상에 빠지지 않는다. 낙이불음樂而不淫 애이불상哀而不傷"이라고 평가했다.[2]

〈주남·관저〉이 작품에는 '금슬우지'를 비롯하여 '요조숙녀', '군자호구', '오매사복', '전전반측' 등 오늘날에도 널리 쓰이는 사자성어가 들어 있는 《시경》의 대표작 가운데 하나이다.

---

[2] 공자孔子(전552-전479)가 《시경·관저關雎》편에 대한 비평으로 《논어·팔일八佾》편에 수록되어 있다. "관저의 시는 즐거우면서도 음란하지 않고, 슬프면서도 마음을 상하지는 않는다關雎 樂而不淫 哀而不傷."

8

금일송군수진취今日送君須盡醉

> 춘향이 기가 막혀,
> "도련님 참으로 가시오그려. 나를 아조 죽여 이 자리에 묻고 가면 여영 이별이 되지마는 살려두고 못가리다. 향단아! 술상 이리 가져 오너라."
> 술 한 잔을 부어 들고,
> "옛소, 도련님. 약주 잡수! 금일송군수진취今日送君須盡醉니 술이나 한 잔 잡수시오."
> 도련님이 잔을 들고 눈물이 듣거니 맺거니,
> "천하에 못 먹을 술이로다. 합환주合歡酒는 먹으려니와, 이별허자 주는 술을 내가 먹고 살아서 무엇허리!"
>
> <이별가>

오리정五里亭은 <춘향가>에서 이도령과 춘향의 이별하는 장소이다. 오리정은 조선시대 남원 관아官衙에서 한양 방향으로 5리, 약 2km 정도 떨어진 곳에 세운 정자로서, 손님을 맞이하고 배웅했던 곳이며, 지금은 전주 남원간 17번 국도변에 작은 공원으로 조성되어 있다.

기약 없이 떠나는 임에게 술을 권하는 춘향이 마음이 어떠했을까마는, 떠나는 임에게 술이라도 실컷 들고 가라며 술을 권하는 대목이다. '오늘 임을 보내니 마땅히 흠뻑 취해야 하리'라는 구절은 당대 시인 가지賈至[1]의 <송이시랑부상주送李侍郞赴常州>에서 차용한 시구이다. 길

---

1 가지賈至(718-772) : 본명은 가유린賈幼隣, 하남성 낙양洛陽 출신. 751년 명경과明經科에 급제하여 기거사인起居舍人 · 지제고知制誥가 되었고, 안록산安祿山의 난 때에는 현종玄宗

떠나는 친구에 대한 아쉬움과 그리움을 노래한 시구를 빌어 춘향이와 이도령의 재회를 기약할 수 없는 이별을 애잔하게 그리고 있다. 더욱이 '오늘 그대 보내며 모름지기 흠뻑 취해야 하리니(금일송군수진취今日送君須盡醉)'와 함께 마지막 구절인 '내일 아침이면 서로 그리워해도 갈 길만 아득하리라'는 오늘과 다른 내일의 현실을 통해 형언할 수 없는 이별의 고통을 표현하고 있다.

〈송이시랑부상주送李侍郞赴常州〉 — 가지賈至

雪晴雲散北風寒 눈 개고 구름 흩어지자 북풍은 차가운데
楚水吳山道路難 초나라 강물 오나라 산에 갈 길은 험난하네
今日送君須盡醉 오늘 그대 보내며 모름지기 흠뻑 취해야 하리니
明朝相憶路漫漫 내일 아침이면 서로 그리워해도 갈 길만 아득하리라

을 따라 촉蜀나라에 갔다. 766년 경조윤京兆尹이 되었고 산기상시散騎常侍에 이르렀다. 시문에 능하였는데, 그 준일俊逸한 기품은 남조南朝 때 송宋나라의 포조鮑照·유신庾信 등에게도 뒤지지 않는다고 평가된다. 문집 30권이 있다.

9

금준미주金樽美酒, 옥반가효玉盤佳肴

> 금준미주金樽美酒는 천인혈千人血이요,
> 옥반가효玉盤佳肴는 만성고萬姓膏를.
> 촉루락시燭淚落時에 민루락民淚落이요,
> 가성고처歌聲高處에 원성고怨聲高라.[1]
>
> <어사 출또>

탐관오리貪官汚吏를 규탄하는 이 작품은 <춘향가>에서 절정으로 전화轉化하는 역할을 하는데, 이러한 인용 시문은 수많은 이본을 생성하는 원인으로 작용한다. 이 작품은 광해조-인조 시기 성이성成以性이 암행어사로서 호남 지방 수령 연회에 참석해서 지었다는 설과, 명나라 조도사調度使가 광해군의 폭정暴政을 풍자한 것이라는 주장이 있다. 탐관오리에 대한 저항 정신과 응징은 조선 후기 민중의식의 성장을 대변하고, 당시 민중의 꿈과 소망을 반영한 것이라고 평가할 수 있다.

또한 중국의 청대 비운의 황제였던 가경제嘉慶帝가 가경嘉慶 7년(1802)에 지은 칠언율시 <고제신告諸臣>(신하들에게 고함) 가운데에서도 비슷한 내용을 찾아 볼 수 있다.

---

1 금술동이에 담긴 좋은 술은 천 사람의 피로 만들었고, 옥쟁반에 담긴 안주는 만 사람의 기름으로 만들었으니, 촛농 떨어질 때 백성의 눈물 떨어지고, 노랫소리 높은 곳에 백성의 원망소리가 높다.

〈고제신告諸臣〉 — 가경제嘉慶帝[2]

內外諸臣盡紫袍 (내외제신진자포)	내외 모든 신하 붉은 관복을 차려입고 있는데
何人肯與朕分勞 (하인긍여짐분노)	누가 짐의 근심을 덜어줄 수 있을 것인가
玉杯飮盡千人血 (옥배음진천인혈)	옥술잔에 마시는 것 천 사람의 피요
銀燭燒殘百姓膏 (은촉소잔백성고)	은촛대에서 타는 것은 백성의 기름이다
人淚落時天淚落 (인루락시천루락)	사람들의 눈물 떨어질 때 하늘에서 눈물도 떨어지고
歌聲高處哭聲高 (가성고처곡성고)	노래 소리 높은 곳에 곡소리도 높아진다
平時漫說君恩重 (평시만설군은중)	평소에 황제의 은혜가 무겁다고 말하더니
辜負君恩是爾曹 (고부군은시이조)	황제의 은덕을 저버린 것은 그대 신하들 아니던가

명나라 때 희극 작가인 풍몽룡馮夢龍(1574-1646)[3]의 《광소부廣笑府》라는 웃음거리를 모아 놓은 책을 살펴보면, 옛날에 형주 태수가 아주 독하게 굴어 폭정을 비판하는 노래인 〈학정요虐政謠〉라는 작품이 유행한 사실을 기록하고 있다. 가혹한 관리를 풍자한 〈학정요〉는 다음과 같다.

---

2 가경제嘉慶帝(1760-1820) : 중국 청조 제7대 황제. 인제仁帝라고도 부른다. 1796년 고종의 양위로 즉위, 1797년 가경으로 개원改元했다. 1799년 고종 건륭제乾隆帝의 사망과 동시에 그 총애를 이용하여 전횡하던 화신和珅을 주살하고, 강기綱紀를 숙청, 또 백련교도白蓮敎徒의 난을 진압하고, 천리교도天理敎徒의 난도 진압했다.

3 풍몽룡馮夢龍(1574-1645) : 중국 소주蘇州 출신으로 자字는 유룡猶龍, 자유子猶이다. 다재다능하여 여러 가지 저술·편찬·교정 등을 했던 명나라 말기의 문장가. 특히 통속문학 분야의 업적이 많은데, 그 중 '삼언三言' 곧 《유세명언喩世明言》, 《경세통언警世通言》, 《성세항언醒世恒言》의 편집과 교정은 가장 유명하다.

〈학정요虐政謠〉

食祿乘軒著錦袍	국가에서 녹을 받고, 가마를 타고 비단옷을 입고 있으니
豈知民瘼半分毫	백성이 얼마나 힘든지 조금이라도 알 리가 있겠는가
滿斟美酒千家血	가득 채운 훌륭한 술은 천 사람의 피요
細切肥羊萬姓膏	잘게 자른 양고기는 만 백성의 기름이라
燭淚淋漓冤淚滴	촛농이 흐르는 곳에 원한의 눈물도 흐르고
歌聲撓亮怨聲高	노래소리 울려 퍼질수록 원망의 소리도 높아가네
群羊付與豺狼牧	양떼를 승냥이와 이리에게 주어서 기르라고 한 꼴이니
辜負朝廷用爾曹	조정에서 너희 관리들을 임용한 뜻을 저버린 것이라네

〈춘향전〉에 나오는 시는 성이성成以性(1595-1664)이 지은 시집에 수록된 것과 동일한 것이라는 설성경 교수의 연구 결과도 있지만, 두 시의 유사성으로 보아서는 한 쪽이 영향을 받아 지은 것일 가능성이 높아 보인다. 성이성의 4대 손인 성섭成涉(1718-1788)은 《필원산어筆苑散語》에서 "우리 고조할아버지가 암행어사로 호남에 갔을 때 암행하여 한 곳에 이르니, 호남 열두 읍의 수령들이 크게 잔치를 베풀고 있었다. 말하기를 객이 능히 시를 지을 줄 안다면 이 자리에 있으면서 술과 음식을 마음껏 먹어도 좋겠지만, 그렇지 못하면 속히 돌아감만 못하리라. …… 곧 한 장의 종이를 청하여 시를 써 주었는데…… 그 내용은 〈춘향전〉의 시와 동일하다. 쓴 시를 보고 관리들이 의아해 할 때쯤 서리들이 암행어사를 외치며 달려왔다."라고 기록하고 있다.[4]

---

[4] 설성경 교수는 〈이몽룡의 러브스토리〉(1999.11)에서 《난중잡록亂中雜錄》, 《속잡록續雜錄》, 《역대요람》을 저술한 조경남趙慶男이 〈춘향전〉의 원작자이며, 계서溪西 성이성成以性

이 작품의 일부 구절들은 이백의 시 〈행로난行路難〉에서도 그 출처를 찾을 수 있다. 이백의 〈행로난〉은 모두 3편의 연작시인데, 이 문장은 첫 번째 작품에서 보인다. 시제詩題를 통해서도 알 수 있는 바와 같이, 인생길이 어렵다는 의미이다. 즉, 이 시는 자신의 인생의 행로가 어려움에 봉착했음을 토로하며 희망과 의지를 표현한 작품이다. 이백은 거칠 것 없는 성격 때문에 현종의 측근인 고력사高力士, 양귀비楊貴妃와도 충돌이 있었다. 그래서 이백의 주유천하周遊天下는 낭만적인 유랑이라는 측면과 함께, 돌파구를 찾을 수 없는 인생의 난관에 직면했던 위기의 산물이라는 특색을 지닌다.

그러나 이백은 마지막 부분에서 언젠가 자신의 희망과 이상을 활짝 펼칠 날이 있으리라 확신한다. 낙천적인 이백의 자신감과 기백을 살펴볼 수 있으며, 작품 속에서 이백다운 활력마저 단번에 살아나는 듯한 대표작이다.[5]

〈행로난行路難〉 삼수三首 기일其一 — 이백李白[6]

金樽淸酒斗十千 （금준청주두십천） 황금 술잔, 좋은 술은 셀 수도 없고
玉盤珍羞值萬錢 （옥반진수치만전） 옥쟁반의 진기한 안주 만 냥 어치나 되어도

의 《계서선생일고溪西先生逸稿》와 4대손인 성섭成涉의 《필원산어筆苑散語》와 《조선왕조실록朝鮮王朝實錄》 등의 자료 분석을 통해 〈춘향전〉의 성춘향과 이도령이 실존 인물이며, 이몽룡은 성이성이라고 주장했다. 출처 : 시사저널(http://www.sisajournal.com)
5 이규일 역해, 《한시교양11》, 리북, 2013, 197쪽 참조.
6 이백李白(701-762) : 출생지는 현재의 사천성四川省인 촉蜀나라의 창명현彰明縣 또는 서역西域으로, 어린 시절을 촉나라에서 보냈다. 자는 태백太白, 호는 청련거사青蓮居士. 두보杜甫와 함께 '이두李杜'로 병칭되는 중국의 대표 시인이며, 시선詩仙이라 불린다. 1,100여 편의 작품이 현존한다. 그의 생애는 생년을 비롯하여 상당한 부분이 추정에 의존하고 있다. 그의 집안은 감숙성甘肅省 농서현隴西縣에 살았으며, 아버지는 서역의 호상胡商이었다고 전한다.

정배루저불능식 停杯投筯不能食	잔 멈추고 젓가락 던진 채 먹을 수가 없어
발검사고심망연 拔劍四顧心茫然	칼 뽑아 사방을 둘러보니 마음만 아득하여라
욕도황하빙색천 欲渡黃河冰塞川	황하를 건너자니 얼음이 강을 막고
장등태항설암산 將登太行雪暗山	태항산에 오르자니 눈이 산에 가득하다
한래수조벽계상 閑來垂釣碧溪上	한가히 맑은 개울에 낚싯대 드리우고
홀부승주몽일변 忽復乘舟夢日邊	홀연히 낚싯배 타고 임금님 곁에 가는 꿈꾸었네
행로난행로난 行路難行路難	갈 길이 어려워라, 갈 길이 어려워라
다기로금안재 多岐路今安在	길은 많은데 나는 지금 어디 있는가
장풍파랑회유시 長風波浪會有時	긴 바람 타고 파도 헤치는 그 때가 있으리니
직괘운범제창해 直掛雲帆濟滄海	바로 구름 돛을 높이 달고 큰 바다 건너가리라

시인의 재능을 안타까워하는 친구가 위로주를 준비하지만, 시인은 밀치고 일어나 칼을 뽑아들고 사방을 둘러본다. 마음은 조정에 가 있지만, 조정으로 가는 길을 찾을 수도 없다. 그렇지만 그는 좌절하지 않는다. 시냇물에 낚시를 드리우다 아흔에 주周 문왕文王을 만난 여상呂尙처럼, 초대되어 배에 올라 일월을 도는 꿈을 꾼 뒤 은殷 탕왕湯王을 만난 이윤伊尹처럼, 자신도 자신의 꿈을 펼칠 미래에 대한 굳은 희망을 가져본다. 하지만 눈앞의 현실은 인생의 험난한 여정 속에 어려움으로 가득할 뿐이다. 여러 갈래의 길 가운데 어느 쪽으로 가야만 소망하는 바를 이룰 수 있단 말인가? 이 작품에서 시인의 복잡다단한 감정은 속도감 있게 전환된다. 이는 정치현실이 시인의 웅대한 이상과 포부를 가로막고 있기 때문이다. 또한 포부와 좌절로 인해 고민과 불평은 가득하지만, 결코 이상에 대한 집착을 버릴 수 없기 때문이 아니겠는가![7]

이 문장은 〈춘향가〉에서 극적 전환을 이루는 장면으로, 그 당시 부패한 시대상황을 예리하게 지적하고, 암행어사가 부패한 수령들을 감찰하고 봉고封庫 파직罷職시키는 행동지침이며, 변사또를 응징하려는 이몽룡의 명분이기도 하다. 역사가 흘러 시대가 바뀌어도, 사회가 투명하게 되고 건전한 발전을 바라는 모든 시민들과 공직자들이 가슴 속에 간직하여야 할 내용이기도 하다.

---

7 김원중 역해,《당시》, 민음사, 2008, 194-195쪽.

10

기창전綺窓前 연연옥골娟娟玉骨

> "오던 날 기창전綺窓前의 연연옥골娟娟玉骨 설행雪香이!"
> 설행('행'은 '香'의 속음俗音)이가 들어온다. 설행이라 허는 기생은 인물 가무歌舞가 명기名妓로서 걸음을 걸어도 장단을 맞추어 아장아장 들오더니,
> "예, 등대等待 나오!"
> 점고點考를 맞고 일어서더니 좌부진퇴左俯進退(고개를 숙이며 왼쪽으로 물러남)로 물러난다.
>
> <기생 점고>

'기창전綺窓前'은 '비단으로 장식된 창문 앞'이란 의미로서, 화련한 창문 앞에 서 있는 여리고 아름다운 기녀 설행雪香이를 소개하는 대목이다. 당나라 시인 왕유王維의 <잡영雜詠>을 살펴보면, '기창전'의 매화를 보며 고향을 그리워하는 시구가 등장한다.

<잡영雜詠> － 왕유王維

君自故鄕來　　그대 고향에서 왔으니
應知故鄕事　　고향 소식을 알고 있겠지
來日綺窓前　　그대 오시는 날 비단 창 앞에
寒梅着花未　　혹시 겨울 매화꽃은 피었던가요?

'기창전'은 호방戶房이 주관하여 기녀들을 점고點考하는 대목에서 등장한다. '점고'는 명부에 하나하나 점을 찍어가며 사람의 수효를 조사하는 것을 가리키는 말이다. 즉, 한 사람씩 이름을 불러가며 인원의 이상 유무를 조사하는 것으로, 오늘날에는 점고 대신 점호點呼라는 용어를 사용한다.

〈춘향가〉에서는 화려한 고향의 저택을 형용한 왕유의 시구 '래일기창전來日綺窓前' 즉, '오던 날 비단 창문 앞'을 원용하여 기녀가 머무는 거처의 화려함을 표현하고 있다. '기창전'은 나긋나긋하고 아름다운 용모를 가리키는 연연옥골娟娟玉骨이라는 표현을 통해 기녀 설행이가 생활하는 거처의 호화로운 면모와 함께, 인물은 물론 가무에도 뛰어난 명기를 함축적으로 그려내고 있다.

11

남남지상喃喃枝上

> "남남지상喃喃枝上의 봄바람에 힐지항지頡之頏之 비연飛燕이 왔느냐?"
> "예, 등대허였소."
>
> <기생 점고>

 기녀 설행이, 행화, 양대선, 춘홍, 반월, 금향이, 비연이, 연화, 추월이, 명월이, 무선이, 채봉이, 명옥이 등은 호방이 주관하는 기녀들의 점고에서 등장하는 기생들의 이름이다.

 '나무 가지 위 속삭이는 봄바람 속에 오르고 내리는' 비연飛燕이를 소개하는 대목이다. '비연'은 하늘을 나는 제비를 뜻하는 동시에 기생의 이름이기도 하다. 여기서 '힐지항지頡之頏之'는 제비가 훨훨 날아 오르락 내리락 하는 형상을 표현한다. '힐지항지'가 나오는《시경》〈패풍邶風·연연燕燕〉은 다음과 같다.

《시경詩經》〈패풍邶風·연연燕燕〉

연연우비 차지기우	
燕燕于飛 差池其羽	제비들이 훨훨 날아 앞서거니 뒤서거니 날개짓하며
지자우귀 원송우야	
之子于歸 遠送于野	그녀 시집가는 길 멀리 들판으로 송별하고
첨망불급 읍체여우	
瞻望弗及 泣涕如雨	아득히 멀어지니 눈물이 비 오듯 쏟아지네

<ruby>燕<rt>연</rt></ruby><ruby>燕<rt>연</rt></ruby><ruby>于<rt>우</rt></ruby><ruby>飛<rt>비</rt></ruby> <ruby>頡<rt>힐</rt></ruby><ruby>之<rt>지</rt></ruby><ruby>頏<rt>항</rt></ruby><ruby>之<rt>지</rt></ruby>	제비들이 펄펄 날아 오르락내리락
<ruby>之<rt>지</rt></ruby><ruby>子<rt>자</rt></ruby><ruby>于<rt>우</rt></ruby><ruby>歸<rt>귀</rt></ruby> <ruby>遠<rt>원</rt></ruby><ruby>于<rt>우</rt></ruby><ruby>將<rt>장</rt></ruby><ruby>之<rt>지</rt></ruby>	그녀 시집가는 길 멀리 들판으로 송별하고
<ruby>瞻<rt>첨</rt></ruby><ruby>望<rt>망</rt></ruby><ruby>弗<rt>불</rt></ruby><ruby>及<rt>급</rt></ruby> <ruby>佇<rt>저</rt></ruby><ruby>立<rt>립</rt></ruby>¹<ruby>以<rt>이</rt></ruby><ruby>泣<rt>읍</rt></ruby>	멀리 멀어지니 우두커니 서서 눈물만 흘리네

燕燕于飛 下上其音 — 제비들이 훨훨 날아 오르락내리락 지저귀며
之子于歸 遠送于南 — 그녀 시집가는 길 멀리 남쪽으로 송별하고
瞻望弗及 實勞我心 — 멀리 멀어지니 참으로 내 마음 괴로워라

仲氏²任只 其心塞淵 — 둘째는 성실하여 그 마음씨 참으로 깊고
終溫且惠 淑愼其身 — 온순하고 부드러워 그의 몸을 삼가 정숙히 하고
先君³之思 以勖寡人⁴ — 아버님의 생각 받들어 나를 도와 힘쓰는구나

이 작품에 대해 어떤 이는 누이가 시집가는데 남동생이 전송하며 부른 노래라고 하고, 또 어떤 이는 장공莊公의 본처 장강莊姜이 지은 시로서, 장강의 첩 대규戴嬀가 친정으로 쫓겨 갈 때 장강이 전송하며 쓴 작품이라고 한다. 장강과 대규는 비록 처첩 관계지만 사이가 좋아, 대규의 소생 완完을 장강이 양자로 받아들여 장공의 대를 이어 환공桓公이 되었지만, 장공의 총첩의 아들 주우州吁가 그를 죽였다.⁵ 결국 환공의 생모 대규가 주우의 발호로 그의 친정 진陳나라로 쫓겨나게 되었을 때, 장강이 전송하며 부른 노래라고 한다.

---

1 저립佇立 : 오래 서 있음.
2 중씨仲氏 : 대규戴嬀의 자字.
3 선군先君 : 장공莊公.
4 과인寡人 : 장공의 아내 장강莊姜으로 아들을 낳지 못해 장공의 애첩 대규의 소생인 완完을 양자로 들였다.
5 '폐인지자주우살지嬖人之子州吁殺之'.

12

남창고군南昌故郡, 홍도신부洪都新府

> 남창南昌은 고군故郡이요, 홍도洪都난 신부新府로다.
> 홍도 어이 신부 되리? 우리 춘향이 신부 되지.
>
> 정응민 바디 <천자 뒤풀이>

책상머리에 앉아 턱을 괴고, 멍한 시선으로 창밖의 화류동풍花柳東風을 바라보며 생각 없이 던지는 이도령의 한마디는, '남창고군南昌故郡, 홍도신부洪都新府' 즉, '남창은 옛 고을이요, 홍도는 새로운 고을'이다. 한숨인지 반 숨인지 자신도 모르게 내뱉으며 춘향이를 생각하는 이도령에게 어느새 홍도가 사람이름으로 바뀌어 신부타령으로 넘어간다. '홍도가 신부되랴? 춘향이가 이도령의 신부로다.'하며 전환되는 이도령의 언어 유희를 듣고 있노라면 웃음이 절로 난다.

'남창고군'이라는 문구는 당나라 시인 왕발王勃[1]의 <등왕각서문滕王閣序文>[2]에 나오는 구절이다.

---

1 왕발王勃(650-677, 字 子安) : 산서성 하진河津 사람으로 여섯 살 때 글을 지었고, 스무 살이 되기 전에 진사進士가 되었다. 고종高宗(649-683 재위) 이치李治의 아들 패왕沛王에게 총애를 받았으나, 투계鬪鷄의 격문檄文을 쓴 것이 여러 황자皇子들의 사이를 이간시킨다 하여 쫓겨나 사천성四川省 성도成都에서 방랑했다. 뒤에 교지交趾(베트남 북부)에 가 있는 아버지(福畴)를 찾아가다가 바다에 빠져 익사했다. 그 도중 강서성 남창에서 지은 <등왕각서>(秋日登洪府滕王閣餞別序)와 그 일화는 서른에도 채 이르지 못하고 죽은 시인의 천재성을 잘 보여준다.

〈등왕각서지서滕王閣序之序〉 — 왕발王勃

唐高祖子元嬰爲洪州刺史 置此閣 時封滕王 故曰滕王閣 咸亨[3]二年 閻
伯嶼爲洪州牧 大宴于此 宿命[4]其壻 以誇客 因出紙筆遍請客 莫敢當 勃
在席最少 受之不辭 都督怒 遣吏伺其文 輒報 一再報 語益奇 乃瞿然曰
天才也 請遂成文 極歡而罷 勃字子安少有逸才 高宗召爲博士 因作鬪
鷄檄文 高宗怒 謂有交構[5]之漸乃黜 後到父任所 省侍[6] 道過鍾離 九月
九日 會此而作此序

당 고조(李淵)의 아들 원영元嬰이 홍주자사洪州刺史가 되어 이 각을 세웠다. 그 때에 등왕에 봉해졌기 때문에 등왕각이라 불렀다. 함형咸亨 2년(671년)에 염백서閻伯嶼가 홍주의 목사가 되어 여기서 큰 연회를 열어 손님들에게 자랑하고 싶어 그 사위(吳子章)에게 글을 준비해오도록 미리 명하였다. 종이와 붓을 내어와 손님들에게 두루 청하였으나 감당하지 못하였다. 왕발은 자리에서 가장 어렸으나 사양하지 않고 종이와 붓을 받았다. 도독이 화가 나서 아전을 보내어 그 글을 엿보게 하였다. 문득 한 번, 두 번 보고함에 따라 말이 갈수록 뛰어났고 마침내 놀라 멍하여, "하늘이 낸 재능이로구나"라고 감탄하였다. 글을 완성하라 청하고 즐거움이 다하여 모임을 마쳤다. 왕발의 자字는 자안字安이고 어려서부터 빼어난 재주가 있어 고종이 불러 박사를 시켰으나, 〈투계격문鬪鷄檄文〉을 지은 일로 고종이 노하여 이간질의 조짐이 있다 말하고 이에 왕발을 내쳤다. 뒤에 아버지의 임지에 부모를 모시기 위해 가다가 종리鍾離에 들러 9월 9일 여기에 모여 이 서문을 지었다.

---

2   김학주 편저, 신완 역, 《고문진보古文眞寶》 후집, 명문당.
3   함형咸亨 : 당 고종高宗(3대 李治)이 671-673년 사이에 사용했던 연호.
4   숙명宿命 : 사전에 미리 명령함. 죽어야 하는 운명.
5   교구交構 : 이간질(서로 얽음).
6   성시省侍 : 성친省親(부모 안부를 살핌) + 시봉侍奉(부모를 받들어 모심).

남창고군 홍도신부
南昌故郡 洪都新府

    옛날에 남창군이었던 이곳은 지금은 홍도부가 되었다.

성분익진 지접형려
星分翼軫 地接衡廬

    별자리로는 익성翼星과 진성軫星에 해당되며

    땅은 형산衡山과 여산廬山에 접해 있다.

금삼강이대오호 공만형이인구월
襟三江而帶五湖 控蠻荊而引甌越

    세 강이 옷깃처럼 감싸고, 다섯 호수가 띠처럼 둘러져 있고

    만蠻과 형荊을 억누르고, 구월(월남지역)을 끌어당기는 위치

물화천보 용광사우두지허
物華天寶 龍光射牛斗之墟

    물산의 정화는 하늘이 내린 보배이니

    용천검龍泉劍의 광채가 견우성과 북두성 사이를 쏘았었고

인걸지령 서유하진번지탑
人傑地靈 徐孺下陳蕃之榻

    인물들은 걸출하고 땅은 영기가 있어

    서유徐孺는 태수인 진번陳蕃이 걸상을 내려주며 맞이하게 하였다.

웅주무렬 준채성치
雄州霧列 俊采星馳

    경치 좋은 고을들이 안개처럼 깔려 있고

    뛰어나게 빛을 발하는 인물들이 유성처럼 활약한다.

대황침이하지교 빈주진동남지미
臺隍枕夷夏之交 賓主盡東南之美

    누대와 해자는 이민족과 중국 사이에 임해 있고

    손님과 주인은 모두 동남의 훌륭한 인물들이다.

도독염공지아망 계극요림
都督閻公之雅望 棨戟遙臨

    도독 염공은 고상한 인망을 갖춘 인물로

    계극을 앞세우고 멀리서 부임해 왔고

우문신주지의범 첨유잠주
宇文新州之懿范 襜帷暫駐

    위엄을 갖춘 우문은 신임태수로 부임해 가던 도중,

잠시 수레를 멈추었다.

十旬休暇 勝友如雲

마침 십순의 휴가날이라 훌륭한 벗들이 구름처럼 모여들고,

千里逢迎 高朋滿座

천 리 먼 곳에 있는 사람까지도 맞이하여 대접하니,

고귀한 벗들이 자리에 가득하다.

騰蛟起鳳 孟學士之詞宗

솟아 오르는 교룡蛟龍과도 같고 날아오르는 봉황과도 같은

맹학사는 문장의 대가이고,

紫電青霜 王將軍之武庫

자줏빛 번개 같고 차가운 서릿발 같은 지조를 갖춘 인물들

왕장군의 무기고처럼 널려 있다.

家君作宰 路出名區

부친께서 현령으로 계신 곳으로 가던 길에

유명한 이곳을 지나게 되어

童子何知 躬逢勝餞

어린 내가 무엇을 안다고 훌륭한 송별잔치에 직접 참석했겠는가!

時維九月 序屬三秋

때는 9월, 계절은 한 가을이었다.

潦水盡而寒潭淸 煙光凝而暮山紫

길바닥의 빗물은 모두 말라 버리고 찬 연못물은 맑으며,

안개와 햇빛 한 데 엉기어 해질녘 산은 자줏빛으로 물들어 있네.

儼驂騑於上路 訪風景於崇阿

네 마리 말들을 위엄 있게 치장하고 수레를 달려

높은 언덕으로 풍경을 찾아간다. (후략)

13

녹엽성음자만지綠葉成陰子滿枝

> "네 소문이 하 장壯하여 경향京鄕에 낭자키로 밀양, 서흥 마다하고 간신히 서둘러 남원부사 하였더니, 오히려 늦은 바라 선착편先着便은 되었으나, **녹엽성음자만지**綠葉成陰子滿枝가 아직 아니 되었으니 불행 중 다행이다. 그래 구관舊官 자제子弟가 네 머리를 얹었다지? 그 양반 가신 후로 독수공방獨守空房 했을 리가 있나? 응당 애부愛夫가 있을 테니, 관속官屬이냐, 건달이냐? 어려이 생각 말고 바른대로 말 하여라"
>
> <변학도 춘향 회유>

'녹엽성음자만지綠葉成陰子滿枝'라는 시구는 '나무가 무성하고 열매를 많이 맺었다'는 의미로서, 여자가 혼인하여 자식을 많이 두었음을 비유한다. 변사또는 춘향이의 미색을 칭찬하며, 춘향이가 아직 혼인하여 자식을 두지 않았으니 불행 중 다행이라고 말하는 대목이다. 절세가인 춘향의 실제 미모를 확인한 변사또가, 춘향의 명성을 듣고 경향 각지의 다른 좋은 관직 모두 마다하고 남원부사로 부임한 것에 대한 만시지탄晚時之歎의 아쉬움 속에, 구관은 떠나고 신관新官이 왔으니 과거를 정리하고 수청을 들라고 회유하고 있다.

'녹엽성음자만지'는 당대 만당晚唐 시인 두목杜牧의 <탄화歎花>라는 작품에서 차용한 시구이다. 당나라 말기의 시인 두목은 절강성浙江省에서 어느 소녀를 만난다. 그는 그녀의 어머니를 찾아가 10년 후 그 소녀를 아내로 삼겠다고 약속하였다. 하지만 그는 장안에서 관료생활을 하다 보니 찾아갈 겨를을 얻지 못하다가, 14년 만에 호주의 관리로 부임하여 그 소녀를 찾았다. 하지만 그 소녀는 안타깝게도 그가 돌아오기 3년 전에 이미 다른 사람에게 시집을 가서 자식까지 두고 있었다. 그 사실을 접하고서 절망한 두목이 애절한 사연을 담아내고 있는 작품이 바로 〈탄화〉이다.

〈탄화歎花〉 - 두목杜牧

自恨尋芳到已遲 (자한심방도이지)	봄을 찾아 나섬이 늦은 것을 스스로 탄식하네[1]
往年曾見未開時 (왕년증견미개시)	지난 날 만났을 때는 꽃도 피우지 않았었는데
如今風擺花狼藉 (여금풍파화랑자)	오늘 바람에 붉고 아름다운 꽃잎 떨어지고
綠葉成陰子滿枝 (록엽성음자만지)	푸른 잎은 그림자를 드리우며 과실만이 가지에 가득하네

두목은 꽃이 피고 지고 열매를 맺는 자연에 빗대어 그의 사랑이 결실도 맺기 전에 다른 사랑으로 전이해 간 것을 애잔하게 노래했다. 이 문장을 차용하여 꽃이 열매를 맺기 전에 변사또를 만났으니 춘향이는 얼마나 행운이냐고 하면서, '녹엽성음자만지'를 읊어대는 변사또의 음흉한 속내는 그렇다 치더라도, 기가 막히게 가져다 붙인 변사또의 대사, 그 절묘함에 무릎을 치게 만드는 한 대목이라고 아니 할 수 없다.

---

1 자한심방도이지自恨尋芳到已遲 : 봄을 찾아 나선 시간이 늦었음을 말함으로써, 자신이 임을 찾은 시간이 너무 지체되어 임은 이미 출가하여 가정을 이루어 버린 안타까운 상황을 비유하고 있다.

14

담담장강수澹澹長江水 유유원객정悠悠遠客情

> "둥둥둥둥, 오호, 둥둥, 내 낭군."
> 도련님이 좋아라고,
> "이얘, 춘향아 말 들어라. 너와 나와 유정허니 정 자 노래를 들어라! **담담장강수**澹澹長江水 **유유원객정**悠悠遠客情, 하교불상송河橋不相送허니 강수원함정江樹遠含情, 송군남포送君南浦 불승정不勝情, 무인불견無人不見 송아정送我情."
>
> <사랑가> 중 '정 자 노래'

 이몽룡의 '정情' 자字 노래는 남녀 간의 사랑과 이별에 대한 정감을 주제로 노래한다. 이로 인하여 더욱 더 이별을 노래한 한시의 구절들이 많이 나오는 대목이다. 이도령은 이러한 사랑과 이별에 대한 '정'을 빌어 춘향이에게 '완정玩情' 즉, 정을 함께 나누자 노래한다. 여기에 인용된 시구 '담담장강수澹澹長江水 유유원객정悠悠遠客情'은 당대 시인 위승경韋承慶이 동생과 이별하며 지은 <남행별제南行別第>의 첫 머리에 등장한다.

<남행별제南行別第> - 위승경韋承慶[1]

澹澹長江水   담담히 흐르는 장강의 물줄기

---

1 위승경韋承慶(640-706) : 자는 연휴延休, 하내군河內郡 양무현陽武縣, 현재의 하남성河南省 원양현原陽縣 출신. 당대 무주武周시기 재상을 역임한 위사겸韋思謙의 아들로서, 《위승경집韋承慶集》 60권이 있다.

悠悠遠客情 유유원객정	멀리 떠나는 나그네 그윽한 심정
落花相與恨 락화상여한	지는 꽃도 나처럼 애처로운지
到地一無聲 도지일무성	땅에 떨어지면서도 말 한 마디 없구나

　이 작품은 동생과 이별하는 시인의 애처로운 심사를 지는 꽃에 비유하여 표현하고 있다. <사랑가>를 부르며 인용하기에는 다소 무리가 있다. 하지만 작품 가운데 전반부 두 구절을 차용하여 인용함으로써, 원전에서 전해지는 애처로움보다는 강과 나그네가 하나 되어 공감하고 함께 나누는 정에 보다 초점이 맞추어진다. 담담히 흐르는 강물과 배를 타고 멀리 떠나는 나그네 심정은 하나로 흘러가니, 이 또한 이 도령과 춘향이가 나누어야할 사랑의 정을 상징적으로 표현한 구절이라 아니할 수 없다. 한시의 시구를 인용하여 새롭게 의미의 변용이 적용되는 문학의 재창조 과정을 보는 듯한 느낌이다.

　<춘향가>에서 차용하는 원류 작품들의 시구 또는 문구들은 이렇듯 원전의 형상이나 이미지를 인용하되, 화자의 속내에 따라 뒤집어지고 비틀어진 의미 속에서 해학을 느끼게 하는 것도 판소리의 매력의 하나라고 생각된다.

15

독조한강獨釣寒江 설향雪香이

> "독조한강獨釣寒江 설향雪香이, 천사만사千絲萬絲 금선琴仙이 왔느냐?"
> "예, 등대等待허였소."
>
> 김세종 바디 <기생 점고>

'독조한강獨釣寒江 설향雪香이' 구절은 당나라 시인 유종원柳宗元의 명작 <강설江雪> 가운데 '독조한강설獨釣寒江雪'이라는 구절을 먼저 '독조한강'과 '설'로 나누고, 다시 끝 단어 '설' 자를 이어 붙여 기녀 이름 설향이를 소개하는 대목이다. 겨울의 적막한 풍경을 노래한 유종원柳宗元의 대표작 <강설>의 마지막 시구를 차용하고 있지만, 자연스러운 표현 수법과 리듬감은 물론 의미 전달의 방식은 참으로 애교스럽고 기발하다 아니할 수 없다.

유종원의 <강설>은 다음과 같다.

<강설江雪> — 유종원柳宗元

千山鳥飛絶 (천산조비절)   산엔 새가 날지 않고
萬徑人踪滅 (만경인종멸)   길가엔 오가는 사람 없어
孤舟蓑笠翁 (고주사립옹)   외로운 조각배 삿갓 쓴 노인네
獨釣寒江雪 (독조한강설)   눈 내리는 강에서 홀로 낚싯대 드리우고 있네

적막한 겨울 정경을 노래한 명편으로 널리 알려진 유종원의 〈강설〉은, 어떠한 인적도 찾아 볼 수 없는 눈 내리는 강가의 고적한 풍경과 자연 속에 묻혀 사는 은자의 모습을 그려내고 있다. 정중동 즉, 고요함 속의 움직임과 동중정 즉, 움직임 속의 고요함이 절묘하게 교차하는 한 폭의 동양화가 눈앞에 펼쳐지는 듯한 안전경眼前景[1]을 이루고 있다.

특히, 광대한 대자연의 풍광 속에서 클로즈업되는 눈 내리는 강에서 홀로 낚시하는 노인의 모습은 세상을 낚으려는 강태공의 고사와 오버랩되면서, 많은 생각을 불러일으키는 상징성 강한 표현으로 백미白眉[2]라고 일컬을 수 있다.

---

1 안전경眼前景 : 눈앞에 펼쳐지는 듯한 정경. 이미지가 뛰어난 작품을 말한다.
2 백미白眉 : 흰 눈썹. 뛰어난 사람 또는 작품 가운데 가장 뛰어난 부분을 비유한다. 삼국시대 촉나라의 장군 마량馬良의 형제가 5명이었는데, 모두 학문에 뛰어났지만 그중에서도 눈썹이 흰 마량이 제일 뛰어났다. 이로 인해 중국인들은 마량을 백미라고 불렀고, 백미하면 가장 뛰어난 사람이라는 의미를 지니게 되었다.

16

독좌유황獨坐幽篁 금선琴仙이

> "조운모우朝雲暮雨 양대선陽臺仙이. 위선위귀爲仙爲鬼 춘흥春興이. 사군불견思君不見 반월半月이. 독좌유황獨坐幽篁의 금선琴仙이 왔느냐?"
> "예 등대等待허였소."
>
> <기생 점고>

　기생 점고는 새로운 사또가 부임하여 호방이 주관하는 기녀들의 인원과 명단을 확인하는 대목이다. <춘향가> 가운데서 웃음을 자아내는 골계滑稽의 미학이 두드러지는 부분이다. 골계는 우스꽝스러움을 의미하는데, 웃음을 자아내는 문학의 모든 요소를 일컬으며, 무대와 객석간의 접근성을 강화하고 서로 함께 호흡함으로써 일체감과 몰입감을 더해 준다.
　'독좌유황'은 왕유王維의 <죽리관竹裏館>의 첫 구절인 '독좌유황리獨坐幽篁裏' 가운데 장소를 나타내는 허사 '리裏'를 제외하고 네 글자만으로 표현한 것이다. 기녀가 본디 기다림과 외로움의 직업이라고 말할 수 있지만, 금선이의 이름풀이 또한 기막히다. '홀로 깊고 그윽한 대숲에 앉아 있는' 사람만큼 기생의 이미지와 그녀의 외로움을 여실하게 표현한 문장을 어디에서 찾을 수 있단 말인가?
　'독좌유황'과 더불어 <죽리관>의 두 번째 구절인 '탄금부장소彈琴復長嘯'와 결합시킨다면, 금선이는 이름 그대로 문학과 음악에 조예 깊고

고고한 품격을 갖춘 춘향에게 필적할 만한 기녀라고 말할 수 있다. 하지만 변사또의 관심은 오로지 춘향에게 집중되고 있다. 이는 비교우위를 떠나 어느 누구도 범접할 수 없는 미색과 재능을 겸비한 춘향의 빼어남을 상징적으로 나타내고 있다고 해도 과언이 아니다. '독좌유황'을 담아내고 있는 왕유의 〈죽리관〉은 다음과 같다.

〈죽리관竹里館〉[1] - 왕유王維

獨坐幽篁裏 (독좌유황리)   고요한 대숲 속에 홀로 앉아
彈琴復長嘯 (탄금부장소)   거문고 연주하며 길게 시가를 읊조리네
深林人不知 (심림인부지)   숲이 깊어 사람들은 알지 못하고
明月來相照 (명월내상조)   밝은 달이 찾아와 날 비춰주네

남들이 쉽게 찾아오지 못하는 깊은 대나무숲 속 초당과도 같은 집에 홀로 앉아 거문고를 타며 시와 노래를 부른다. 숲이 깊어 남들은 알지 못하지만 오직 내 친구와도 같은 달이 떠올라 나에게 찾아온다. 마음 변하지 않는 달만 있으면 그 뿐이지, 사람들이 알아주든 말든 아무 미련도 아쉬움도 없다. 자연친화적인 작가의 생활 철학과 은거하면서 자연의 참 뜻을 찾아 즐기는 시인의 멋스러움이 담뿍 담긴 수작이다.[2]

〈죽리관〉은 왕유의 별장인 장안 인근 남전藍田의 망천장輞川莊[3] 부근

---

[1] 죽리관竹里館 : 왕유의 망천별장輞川別莊에 있는 20곳의 승경 가운데 하나로 대나무 숲속에 있는 집.
[2] 〈죽리관〉,《한시작가작품사전》, 국학자료원, 2007. 11. 15.
[3] 망천장輞川莊 : 망천장은 종남별업從南別業, 망천별업輞川別業. 망천은 물 이름. 현재 섬서성陝西省 남전현藍田縣 종남산終南山 기슭에 있다. 원래 송지문宋之問이 남전藍田 별장을

의 승경을 노래한 20수로 구성된 연작시 〈망천집〉 가운데 17번째 작품이다. 〈죽리관〉의 작가 왕유는 불교에 심취했던 인물로서 시불詩佛이라 일컬어지며, 시선詩仙 이백과 시성詩聖 두보와 함께 당대 3대시인[4]으로 일컬어진다.

왕유는 정치적 부침 속에서도 반관반은半官半隱의 독특한 생활을 영위했던 시대를 대표하는 시인이자 화가, 음악가로서 명성을 떨쳤다. 특히 남종문인화의 시조로 일컬어지는데, 중국의 문호 소동파는 왕유의 시와 그림을, "시 속에 그림이 있고, 그림 속에 시가 있다.詩中有畵, 畵中有詩."[5] 라고 표현한 바와 같이, 높이 평가했다.

지었으며, 왕유가 이 별장을 구입하여 반관반은의 생활을 영위하였다. 망천장에는 화자강華子岡, 의호欹湖, 죽리관竹里館, 유랑柳浪, 수유반茱萸泮, 신이오辛夷塢 등 승경勝景이 많았고, 수려한 경관으로 조경학적 가치를 지닌 명소이다. 왕유의 〈망천집輞川集〉 20수는 망천장의 경치를 묘사하였는데, 왕유는 배적裴迪과 수창酬唱하며 즐겼다.

4 당대 3대 시인으로 손꼽히는 이백, 두보, 왕유는 사상적 종교적 특색에 따라, 이백은 시선詩仙, 두보는 시성詩聖, 왕유는 시불詩佛이라고 일컬어진다.

5 시중유화詩中有畵, 화중유시畵中有詩 : "시 속에 그림이 있고, 그림 속에 시가 있다."라고 풀이한다. 이는 소식蘇軾(1037-1101)이 왕유王維(701-761)의 시와 그림을 보고 내린 평가로서 〈서마힐남전연우도書摩詰藍田烟雨圖〉에 등장하는 문구이다. '시중유화' 즉, 시 속에 그림이 있다는 것은 왕유의 자연시가 지니고 있는 뛰어난 형상성을, '화중유시' 즉, 그림 속에 시가 있다는 것은 그의 산수화에 담겨 있는 의경미意境美를 말한다. 예술의 형상화라는 측면에서 시와 그림은 하나라는 시화일률론詩畵一律論이다. [네이버 지식백과] 시중유화詩中有畵, 화중유시畵中有詩(《문학비평용어사전》, 2006. 1. 30, 한국문학평론가협회).

17

동원도리편시춘 東園桃李片時春

> 책실冊室에서 공부할 제, 때마침 오월 단오절이라 일기 화창하니, 남원 구경차로 방자를 불러 물으시것다.
> "이애, 방자야!"
> "예."
> "너의 고을에 볼 만한 승지勝地 강산이 어디어디 있느냐?"
> "공부하시는 도련님이 승지는 찾어 무엇하시랴오?"
> "네가 모르는 말이로다. 천하 제일 명승지 도처到處마다 글귀로다. 내 이를 테니 들어보아라. 기산영수별건곤箕山潁水別乾坤 소부巢父 허유許由 놀고, 적벽강赤壁江 추야월秋夜月에 소자첨蘇子瞻도 놀았고, 채석강采石江 명월야明月夜에 이적선李謫仙이도 놀았고, 등왕각滕王閣 봉황대鳳凰臺에 문장 명필의 자취라. 내 또한 호협사豪俠士라, **동원도리편시춘**東園桃李片時春 낸들 어이 허송헐꺼나? 잔말 말고 일러라."
>
> <남원 승지 찾아>

이도령이 방자를 불러 천하제일 명승지와 위인들의 소풍을 이야기하며, 이 좋은 봄날, 남원 고을에 노닐 만한 곳이 어디냐고 묻는 대목이다. 이몽룡은 왕발王勃의 작품 <임고대臨高臺> 가운데 마지막 구절인 '동원도리편시춘東園桃李片時春'을 인용하고 있다.

인생이 무상하니 허송세월 하지 않도록 어서 남원의 찾아 볼만한 승경으로 안내해 주기를 재촉한다. '봄 동산의 복사꽃도 잠시 동안의 봄이니 세월이 무상하지 않은가'라는 "동원도리편시춘" 즉, <임고대>의 시구를 통해 쉼 없이 흘러가는 세월의 아쉬움 속에서 춘흥春興에 젖어 아름다운 날 아름다운 풍광을 즐기려는 이도령의 모습을 그려내고 있다.

왕발은 초당사걸初唐四傑[1]의 일원으로서 당대 초기 근체시近體詩를 완성한 인물로 평가되며, 초당사걸 가운데 최고의 문학 성과를 거둔 시인이다. 왕발의 대표작으로는 〈등왕각서滕王閣序〉가 가장 유명하다. 또한 왕발은 시가의 발전 과정에서 형식상 고체시에서 근체시로 전환하는 전환기인 당대 초기 초당시기初唐時期에 활약한 시인으로서, 작품 속에 시가 형식 전환기의 흔적을 담아내고 있다. 시구가 5언이나 7언으로 정형화하는 것이 일반적인 작품이지만, 5언과 7언이 교차하는 형식으로 구성된 〈임고대〉 역시 시가 형식의 발전 과정을 보여주는 작품이라고 말할 수 있다.

높은 누각(고대高臺)에 올라 풍경을 바라보는 것에서만 머물지 않고, 부드럽고 끊임없이 솟아오르는 자신의 정감을 펼쳐낸 작품이 바로 〈임고대〉이다.[2] 비교적 조용하고 편안한 정서 속에 풍광風光을 조망하며 지은 작품이다.

〈임고대臨高臺〉[3] – 왕발王勃

임고대
臨高臺　　　　　높은 누각에 올라
고 대 초 체 절 부 애
高臺迢遞絶浮埃　높은 누각 아득히 먼지 속에 솟아 있구나

1　초당사걸初唐四傑 : 당대 초기 활약한 시인 왕발王勃·양형楊炯·노조린盧照鄰·낙빈왕駱賓王을 말한다. 19쪽 주석 '초당사걸初唐四傑' 참조.
2　評注(點擊查看或隱藏評注)《批点唐音》: 此詩不過是登高臺望見許多景物耳. 鋪敘優柔, 不覺重複, 然無大興意, 所以爲初唐. 一結收拾較安穩.
3　왕발은 당나라 초기의 시인으로 자字는 자안子安, 수나라 말기 왕통王通의 손자. 중국의 운문인 시부詩賦에 뛰어나고, 〈등왕각서滕王閣序〉가 유명하다. 당나라 초기의 근체시 발전에 기여한 초당사걸이라 일컬어진다. 명대明代에 집록輯錄된 것으로 알려진 《왕자안집王子安集》이 전해진다. 45쪽 주석 '왕발王勃' 참조.

요 헌 기 구 하 최 외	
瑤軒綺構何崔嵬	구슬 난간 화려한 건물 어찌 그리 높은가
난 가 봉 취 청 차 애	
鸞歌鳳吹淸且哀	난의 노래 봉의 퉁소 맑고도 슬퍼라
부 감 장 안 도	
俯瞰長安道	장안 가는 길을 굽어보니
처 처 어 구 초	
萋萋御溝草	무성한 대궐 안 도랑의 풀이로다
사 대 감 천 로	
斜對甘泉路	비스듬히 감천의 길 대하니
창 창 무 릉 수	
蒼蒼茂陵樹	푸르고 푸른 무릉의 수목들이네
고 대 사 망 동	
高臺四望同	고대의 사방 경치 모두 아름다우니
제 향 가 기 울 총 총	
帝鄕佳氣鬱蔥蔥	황제 사는 마을 상서로운 기운 울울히 무성하구나
자 각 단 루 분 조 요	
紫閣丹樓紛照耀	자각과 단루는 어지러이 비치고
벽 방 금 전 상 영 롱	
璧房錦殿相玲瓏	벽방과 은전은 서로 영롱하네
동 미 장 악 관	
東彌長樂觀	동쪽으로 장악관 아득하고
서 지 미 앙 궁	
西指未央宮	서쪽으로 미앙궁 가리키네
적 성 영 조 일	
赤城映朝日	적성에 아침 해 비치고
녹 수 요 춘 풍	
綠樹搖春風	푸른 나무는 봄바람에 흔들리네
기 정 백 수 개 신 시	
旗亭百隧開新市	많고 많은 술집들은 신시를 열었고
첩 사 층 영 상 대 기	
疊榭層楹相對起	첩첩한 대사臺榭, 높은 집들 마주보고 섰구나
부 유 청 루 대 도 중	
復有靑樓大道中	또 큰 길가에 청루靑樓가 있으니
수 호 문 창 조 기 롱	
繡戶文窓雕綺櫳	수 놓은 창호, 문채 있는 창문 아로새긴 난간이네
금 금 야 불 벽	
錦衾夜不襞	비단이불은 낮밤에도 주름이 잡히지 않았고
나 유 주 미 공	
羅帷晝未空	비단 휘장에는 밤낮에도 비어 있지 않구나
가 병 조 엄 취	
歌屛朝掩翠	노래 부르던 곳의 병풍은 아침의 푸른빛을 가리고
장 경 만 규 홍	
妝鏡晩窺紅	화장하는 거울에는 늦게 홍안을 엿보는구나
위 군 안 보 계	
爲君安寶髻	그대 위해 머리를 손질 하니
아 미 파 화 총	
蛾眉罷花叢	초승달 같은 아름다운 눈썹 꽃떨기 속에 떨어지는구나
진 간 협 로 암 장 모	
塵間狹路黯將暮	티끌 속 좁은 길에 어두움이 찾아드니

운간월색명여소 雲間月色明如素	구름 속에 달빛이 비단 같구나
원앙지상량량비 鴛鴦池上兩兩飛	원앙새는 못 위에서 짝지어 날고
봉황루하쌍쌍도 鳳凰樓下雙雙度	봉황은 누각 아래서 쌍쌍이 노니네
물색정여차 物色正如此	물색이 이와 같으니
가기나불고 佳期那不顧	좋은 때 생각하지 않으리
은안수곡성번화 銀鞍繡轂盛繁華	은으로 장식한 안장, 수놓은 수레 이렇게 화려하니
가련금야숙창가 可憐今夜宿娼家	어여뻐라, 오늘밤 창가娼家에 자게 되네
창가소부불수빈 娼家少婦不須嚬	창가의 젊은 여인들이여, 눈살 찌푸리지 말아라
동원도리편시춘 東園桃李片時春	봄 동산의 복사꽃도 잠시 동안의 봄이네
군간구일고대처 君看舊日高臺處	그대들이여 옛날 고대高臺 있던 곳 보았는가?
백량동작생황진 柏梁銅雀生黃塵	백양대 동작대에도 누런 먼지만 나부낀다네[4]

---

4 이병학, 《한국 인문학의 탐구》, 국학자료원.

18

낙화유사타루인落花猶似墮樓人

> "자네 나를 모르는가? 이주夷州에 매주賣酒하던, 석숭石崇의 소애小艾 녹주綠珠로세. 불측不測한 조옥륜趙玉倫[1]은 무슨 원수런가? 누전각사분운설淚前却似紛紜雪이 정시화비옥쇄시正是花飛玉碎時라. 낙화유사타루인落花猶似墮樓人은 뒷사람의 비웃함이라."
>
> <옥중가> 중 '꿈에 황릉묘黃陵廟 가는 데'

옥에 갇힌 춘향이의 꿈속에 누각에서 떨어져 자살한 녹주綠珠가 나타난다. 녹주는 석숭石崇의 애첩으로 피리 연주에 뛰어났을 뿐만 아니라, 악부樂府시의 창작에도 남다른 재능을 나타냈다. 석숭은 녹주를 총애하여 '원기루苑綺樓' 또는 '녹주루綠珠樓'라고 하는 백장百丈 높이의 누각을 지었다. 조왕趙王 사마륜司馬倫의 측근이었던 손수孫秀가 녹주의 미색을 탐하였으나 석숭은 받아들이지 않았다. 사마륜이 가후賈后의 세력을 제거하고 전권을 장악하자, 석숭은 황문랑黃門郎, 반악潘岳과 함께 사마윤司馬允, 사마경司馬冏 등과 연합 전선을 구축하여 사마륜을 제거하려 했다. 손수가 이러한 사실을 파악하고 대군을 이끌고 금곡원을 포위하자, 녹주는 누각에서 몸을 던져 자살하였고, 석숭은 반악潘嶽 등과 함께 사로잡혀 참수 당했다.

---

1 조옥륜趙玉倫 : 석숭의 애첩이었던 녹주를 탐내 석숭에게 누명을 씌워 죽였음.

'낙화유사타루인落花猶似墮樓人'은 '떨어지는 꽃잎이 누각에서 떨어지는 미인과 같다'라는 뜻으로서, 두목杜牧의 〈제도화부인묘題桃花夫人廟〉의 '가련금곡타루인可憐金谷墮樓人'에서 따온 표현으로 보인다. 사랑하는 이를 위해 자신의 정절을 지키고자 죽음을 선택한 녹수의 한스러움이 춘향에게 다가 올 머지않은 미래의 죽음을 암시하고 있다고 해도 과언이 아니다. 다재다능하고 미색이 빼어났을 뿐만 아니라, 죽음으로 절개를 지켰던 석숭의 애첩 녹주를 춘향에 비유한 것은 압권이라 아니할 수 없다.

〈제도화부인묘題桃花夫人廟〉 - 두목杜牧

細腰²宮裏露桃新	세요궁에는 복숭아꽃 새롭게 피었는데
脉脉無言度幾春	한마디 말없이 얼마나 많은 봄을 맞았던고
至竟息亡緣底事	필경 무슨 일로 하여 모두 없어져 버렸는가
可憐金谷墮樓人	금곡원 누각에서 떨어져 죽은 석숭石崇의 애첩이 가련하네³

미인을 복숭아꽃에 비유한 것은 중국에서 오랜 기원을 지니고 있다. 춘추시대 약소국의 하나였던 식息나라의 왕비 규씨嬀氏는 세상에서 둘도 없는 미녀로 소문이 나서, 주위에서 그녀를 도화부인桃花夫人으로 칭하였다. 당시 초楚 문왕文王은 규씨를 탐내어 식나라를 멸망시키고

---

2 세요細腰는 미녀의 대명사이다. 초왕楚王이 가는 허리를 가진 여인을 좋아하여 궁녀들이 다투어 다이어트에 열중한 데서 연유하는 말이다. 그래서 '세요궁細腰宮'은 왕궁을 가리키는 말이 되었다.
3 [네이버 지식백과] 저사底事,《한시어사전》, 국학자료원, 2007.7.9.

그녀를 차지했다. 하지만 식나라를 지배할 수는 있었지만 규씨를 가질 수는 없었다. 그녀가 자살을 선택했기 때문이다.

훗날 한나라에 이르러 재색才色을 겸비하고 절개를 지켰던 도화부인을 애석하게 여겨, 호북성 한양현漢陽縣 도화동에 그녀를 기리는 묘당廟堂을 건립하였다.[4] 호방하고 풍류적인 시풍을 지닌 만당晚唐 시인 두목杜牧이 그녀를 기리며 지은 작품이 바로 〈제도화부인묘〉이다.

---

4 [네이버 지식백과] 복숭아꽃과 미인,《꽃으로 보는 한국문화》3, ㈜넥서스, 2004.3.10.

19

마상馬上에 봉한식逢寒食이요,
도중途中에 속모춘屬暮春이라.

> 도련님이 실성발광失性發狂이 되어 마음잡을 길 없어 만권서책萬卷書冊을 들여놓고 노루 글로 펄쩍펄쩍 뛰어 읽던 것이었다.
> "맹자견양혜왕孟子見梁惠王하신대, 왕왈王曰, 수불원천리이래叟不遠千里而來허시니 역장유이리오국호亦將有以利吾國乎이가? 천명지위성天命之謂性이요 솔성지위도率性之謂道요, 수도지위교修道之謂敎니라. 대학지도大學之道는 재명명덕在明明德하며, 재신민在新民허며 재지어지선在止於至善이니라. 마상馬上에 봉한식逢寒食허니, 도중途中에 속모춘屬暮春이라. 칠월류화七月流火어든 구월수의九月授衣로다. 천고일월명天高日月明이요, 지후초목생地厚草木生이라. 가갸거겨."
>
> <천자 뒤풀이>

 이도령이 춘향이를 처음 본 후 글을 읽는 대목에서 '마상馬上에 봉한식逢寒食하니, 도중途中에 속모춘屬暮春이라.'는 구절이 등장한다. 한시 '나그네가 말 위에서 한식을 맞이하니 절기는 늦은 봄이로구나'라는 시구를 암송하는 모습은 한마디로 표현하자면 유체이탈의 상태라고 말할 수 있다.

 춘향이 생각에 잠긴 상태에서 읽는 글이 머릿속에 들어올까마는, 건성으로 읽어대는 이도령의 읊조림 속에서 싱그러운 풋사랑의 추억을 떠올리게 하는 것은 무슨 연유란 말인가!

 '마상에 봉한식하니, 도중에 속모춘이라'는 시구는 당나라 초기를 장식하며 심전기沈佺期와 더불어 "심송沈宋"으로 일컬어지는 송지문宋之問의 <도중한식途中寒食>에 등장하는 시구이다.

〈도중한식途中寒食〉 — 송지문宋之問

馬上逢寒食 (마상봉한식)	말 위에서 한식을 맞이하네
途中屬暮春 (도중속모춘)	고향 가는 길 봄은 이미 늦봄이 되었네
可憐江浦望 (가련강포망)	아련한 마음으로 강의 포구를 바라보니
不見洛橋人 (불견낙교인)	낙교[1]에 사람마저 보이질 않네

 이 시는 당대의 시인이자, 요즘의 표현을 빌자면 철새 정치가로 이름 높았던 송지문의 명작으로 손꼽힌다. 고향으로 돌아가면서 맞이하는 봄의 쓸쓸함을 느끼게 하는 작품이다. 건성으로 읽어대는 한시를 통해 속절없이 흘러가는 시간 속에서 봄기운의 쓸쓸함과 더불어, 이도령이 춘향이를 생각하는 형언할 수 없는 그리움이 절로 묻어난다.

---

1 낙교洛橋 : 洛陽의 洛水위에 있는 다리.

20

만당추수滿塘秋水 홍련紅蓮이

> "네, 여봐라! 네가 그렇게 기생 점고를 하다가는 장장춘일長長春日이라도 못다 부를 테니 자주자주 불러 들여라."
> "예이."
> 그제는 호장戶長이 넉 자 화두話頭로 불러들이것다.
> "조운모우朝雲暮雨 양대선陽臺仙이, 우선유지雨鮮柳枝 춘흥春興이, 사군불견思君不見 반월半月이, 독좌유황獨坐幽篁에 금선琴仙이, 어주축수漁舟逐水 홍도紅桃가 왔느냐?"
> "예, 등대等待하였소."
> "팔월부용군자용八月芙蓉君子容 만당추수萬塘秋水 홍련紅蓮이 왔느냐?"
> "예 등대허였소."
>
> <기생 점고>

홍련이란 이름의 기생이 등장한다. 붉은 연꽃이 가을 연못에 가득 피었으니 얼마나 멋진 광경이란 말인가? 이름만큼 아름다운 홍련이가 대답한다. "홍련이 등대허였소" 하지만 변사또의 반응은 오히려 시큰둥하다. 생김새와 이름의 부조화였을까? 홍련이 그래도 이름만큼은 천하제일이다.

'만당추수滿塘秋水'는 당대 시인 위장韋莊의 <삼당동호작三堂東湖作>에 등장하는 시구이다.

〈삼당동호작三堂東湖作〉 —위장韋莊[1]

滿塘秋水碧泓澄 (만당추수벽홍징)	가을 연못 맑고 푸르고
十畝菱花晚鏡清 (십무릉화만경청)	넓게 퍼진 마름꽃 오랜 거울처럼 선명하네
景動新橋橫蝃蝀 (경동신교횡체동)	출렁이는 신교新橋 그림자 무지개를 가르고
岸鋪芳草睡鵁鶄 (안포방초수교청)	호수 언저리 펼쳐진 방초에 해오라기 잠들었네
蟾投夜魄當湖落 (섬투야백당호락)	달빛 떨어져 호수 깊은 곳을 비추고
岳倒秋蓮入浪生 (악도추련입랑생)	산 그림자 가을 연꽃에 닿아 물결 일렁이네
何處最添詩客興 (하처최첨시객흥)	시 읊고 흥 돋기에 그 어디가 최고런가?
黃昏烟雨亂蛙聲 (황혼연우란와성)	해질녘 내리는 안개비에 개구리 울음소리 어지럽네

황소黃巢의 난으로 어지러운 시기에 괵주虢州에 거주하던 위장이 가을밤 동호東湖를 유람하며 지은 작품이다. 동호의 맑은 물과 자연의 풍광이 어우러지며 시인의 한적한 정서를 묘사하고 있다. 바깥 세상의 어지러움 속에서 동호가 비춰내는 자연의 서정과 풍광은 시인에게 더욱 아이러니하게도 극명한 대조를 보여주고 있다. 가을 연못가에 핀 붉은 빛 마름이 혼란한 세상과 동떨어져 펼쳐내는 동호의 아름다움을 더해주고 있다.

위장은 각축角逐이라는 시어로도 유명한 시인이다. 각축은 원래 전국시대의 역사를 기록한 《전국책戰國策》[2]의 〈조책趙策〉 편에서 연원한다.

---

1 위장韋莊(836-910) : 중국 만당晚唐 시기의 시인. 자후는 단기端己. 섬서성陝西省 출신. 894년 진사가 되고, 당이 멸망한 뒤 왕건王建이 제위에 오르자 재상이 되었다. 당대 말기의 소란을 노래한 〈진부음秦婦吟〉이 유명하고, 《완화집浣花集》이 있다.
2 《전국책戰國策》: 전한시대의 유향이 서주, 동주, 진, 제, 초, 조, 위, 한, 연, 송, 위, 중산, 등 12개 나라 역사를 쓴 책으로 33권으로 구성되어 있다.

_{가 서 수 이 참 마 복   여 진 각 축}
駕犀首而 驂馬服 與秦角逐

서수[3]에게 수레를 씌우고 마복(조나라 장군 조사)[4]을 결말로 세워서 진나라와 각축을 벌인다.

위장의 작품 〈상원현上元縣〉에 각축이 구사된 시구는 다음과 같다.

_{남 조 삼 십 육 영 웅}
南朝三十六英雄　　남조시대 서른여섯 영웅들이
_{각 축 흥 망 진 차 중}
角逐興亡盡此中　　흥망을 다투다가 그 와중에 다 쓰러졌네

또한 위장은 권하는 술을 멋들어지게 사양한 〈이연소주離筵訴酒〉라는 작품으로도 유명하다. 시인을 떠나보내는 친구가 술을 거듭 권하자, 시인은 〈이연소주〉로 화답하며 자신의 심경을 토로한다. 이 정도라면 길 떠나는 친구에게 술을 권할 수 있는 사람이 누가 있을까!

〈이연소주離筵訴酒〉　- 위장韋莊

_{감 군 정 중 석 분 리}
感君情重惜分離　　그대의 정 느끼니 헤어지기 정말 서운한데
_{송 아 은 권 주 만 치}
送我殷勤酒滿巵　　술잔 가득 채워 나를 보내는구려
_{불 시 불 능 판 명 정}
不時不能判酩酊　　몹시 취해 떠날 때를 놓칠까 봐서가 아니라
_{각 우 전 로 취 성 시}
卻憂前路醉醒時　　오히려 길 가기 전에 깨어날까 걱정이네

이별을 앞에 두고 술잔을 가득차고 넘친다. 떠나보내는 사람의 아쉬

3　서수犀首는 관직명으로 위魏나라의 재상인 공손연公孫衍을 말한다.
4　마복馬服은 조趙나라의 장군 조사趙奢의 호號.

움이 넘치는 술잔으로 표현되고 있다. 하지만 떠나는 이는 이별의 고통 속에 술에 취할 리도 없지만, 설령 취한다 해도 술에서 깨어나고 나서 감당해야 하는 주체할 수 없는 허전함과 고통을 걱정한다. 일반적으로 이별의 아쉬움을 노래한 작품들과 달리, 진지하지만 새로운 발상으로 아쉬운 이별을 깊고 참신하게 묘사한 뛰어난 작품이다.

21

형산백옥荊山白玉과 여수황금麗水黃金이 물각유주物各有主라

> "네가 무식한 말이로다. 형산백옥荊山白玉과 여수황금麗水黃金이 물각유주物各有主라. 임자가 각각 있는 법이니, 잔말 말고 불러오너라."
>
> <이도령이 춘향을 불러오라 시키는 대목>

이몽룡이 방자에게 그네 뛰는 춘향을 불러오라고 분부하는 대목이다. 이몽룡이 방자에게 이르기를 "네가 무식한 말이로다. 형산백옥荊山白玉과 여수황금麗水黃金이 물각유주物各有主라. 임자가 각각 있는 법이니, 잔말 말고 불러오너라!"라고 분부하는 장면에서, 춘향이를 보고 자신의 천생연분이라 직감한 이 도령의 한시도 지체할 수 없는 조급한 심정이 드러나 있다.

세상 만물에는 각기 주인이 있는 바와 같이, '형산의 백옥과 여수의 황금은 각각 임자가 따로 있다'는 말로서, 소동파蘇東坡의 <전적벽부前赤壁賦>에서 인용한 문장이다. 천지와 자연은 조물주의 다함없는 보물이니 우리 함께 누려보자는 의도이나, 이몽룡은 이 문장을 차용함으로써 모든 세상 만물에는 임자가 따로 있듯이, 춘향이의 주인은 바로 본인이라는 넘치는 자신감을 표현하고 있다.

〈전적벽부前赤壁賦〉 — 소동파蘇東坡

(전략)

且夫天地之間物各有主	무릇 하늘과 땅 사이 만물에는 제각기 주인이 있어
苟非吾之所有	진실로 나의 소유가 아니면
雖一毫而莫取	비록 터럭 하나라도 취할 수 없음이라
惟江上之淸風	오직 강 위의 맑은 바람과
與山間之明月	산간山間의 밝은 달은
耳得之而爲聲	귀로 들으면 소리가 되고
目遇之而成色	눈으로 만나면 빛을 이루어서
取之無禁用之不竭	이를 취하여도 금함이 없고 아무리 써도 마르지 않으니
是造物者之無盡藏也	이는 조물주造物主의 다함이 없는 보물이니
而吾與者之所共樂	나와 그대가 함께 누릴 즐거움이로다

(후략)

    소동파는 시·서·화 즉, 시와 산문 그리고 그림에 정통했다. 그는 시, 사, 부, 산문을 비롯한 중국고전문학의 모든 장르에서 최고의 경지에 올려놓은 문학적 성과로 인해 중국의 문호라고 일컬어진다. 그의 대표작 〈전적벽부〉는 대자연 앞의 작은 존재로 짧은 인생을 살고 죽어야만 하는 숙명을 지닌 인간을 만물의 가치를 인식하는 주체로 승화시킨 작품이다. 당시까지만 해도 인간은 죽어야만 하는 숙명을 지닌 유한한 존재라고만 생각했다. 하지만 소동파는 이 작품을 통해 인간에게 만물의 가치를 인식하고 주도하는 존재라는 진일보한 새로운 의미를 부여하고 있다. 즉, 무한한 자연에 대비되는 유한한 존재에 불과하지만 발상의 대전환을 통해 숙명과 비애를 극복하고, 만물을 주도하는 인간 존엄의 새로운 깨달음을 제시한 작품이라는 문학사적 의의를 지닌다.

22

보보향풍步步香風

> 방자 분부 듣고 나귀 안장 짓는다. 나귀 등 선뜻 올라 뒤를 싸고 앉은 후, 쇄금당선灑金唐扇 좌르르 펴 일광日光을 가리우니 하릴없는 선동仙童이라. 관도성남官道城南 너른 길 기풍하起風下에 나는 티끌 광풍狂風 좇아 펄펄, 도화점점桃花點點 붉은 꽃 **보보향풍**步步香風 뚝 떨어져, 쌍옥제번雙玉蹄飜 네 발굽 걸음걸음이 생향生香이라. 일단선풍도화색一團旋風桃花色 위절도적표마衛節度赤驃馬가 이 걸음을 당헐쏘냐?
>
> <나귀 안장>

말에 오른 이몽룡의 모습과 말의 위용을 노래하는 대목이다. '보보향풍'은 걸음을 걸을 때 마다 향기가 나는 듯한 아름다운 자태를 도드라지게 나타내는 표현이다.

이몽룡과 말이 멋들어지게 어우러진 자태를 표현한 '보보향풍'은 《악부시집樂府詩集》에 수록되어 있는 양梁 원제元帝의 〈동전同前〉 6수의 마지막을 장식하고 있는 시구이다. 양 원제의 〈동전〉 6수는 다음과 같다.

〈동전同前〉 6수六首　– 양梁·원제元帝[1]

악 중 청 주 마 뇌 종
幄中淸酒馬腦鐘　　장막 속의 청주 말머리 시계

1　《樂府詩集》卷四十八·淸商曲辭五, 西曲歌中〈同前〉六首 梁·元帝.

裙邊雜佩琥珀龍	치맛자락 언저리에 온갖 패물 호박룡 걸려 있고
虛持寄君心不惜	헛되이 잡아 의지하니 그대 마음 애석치 않네
共指三星今何夕	모두 삼성을 가리키니 지금이 어찌 저녁이겠는가
濃黛輕紅點花色	짙은 눈썹 밝은 분홍 점점이 꽃색이네
還欲令人不相識	돌아오고자 하나 사람들이 서로 알지 못하고
金壺夜水詎能多	금 호리병 야수夜水가 어찌 많다 하겠는가
莫持奢用比懸河	사치스럽게 사용함을 막지 못함이 폭포와 비교하겠는가
沙棠作船桂爲楫	모래 해당화 배 만들고 계수나무로 노를 만들어
夜渡江南採蓮葉	밤에 강남 건너 연잎 캐어
復値西施新浣沙	서시 같이 돌아와 완사를 새롭게 빨아
共向江干眺月華	함께 강을 향해 헛되이 달무리 바라보네
月華似璧星如佩	달무리는 푸른별 닮아 장식품 같고
流影澄明玉堂內	흐르는 그림자 옥당 안을 밝게 비추고
邯鄲九枝朝始成	한단구지 비로소 아침 되어
金卮玉碗共君傾	금술잔 옥사발 모두 그대에게 기울이네
交龍成錦門鳳紋	용이 교차하여 비단이 되고 말머리는 봉황 무늬
芙蓉爲帶石榴裙	연꽃은 붉은 치마 두르고
日下城南兩相望	해 지고 도성 남쪽 둘이 서로 바라보니
月沒參橫掩羅帳	달 지고 가로로 막아 그물막을 가린다
七彩隨珠九華玉	7가지 채색 구슬 아홉 개 옥 드리우고
蛺蝶爲歌明星曲	나비가 외진 곳에서 샛별을 노래하네
蘭房椒閣夜方開	목란방 산초문 밤에 열어 놓고
那知步步香風逐	어찌 알겠는가, 걸을 때마다 향내가 쫓아오는지

23

부공총총설부진復恐悤悤說不盡하야
행인임발우개봉行人臨發又開封

> "에라 이 자식. 구관댁舊官宅에는 어찌하여 가느냐?"
> "우리 고을 옥중 춘향 편지 갖고 구관댁 이몽룡씨를 찾아 갑니다."
> "얘, 초면에 무례한 말이다만, 그 편지 좀 잠깐 보여줄 수 없니?"
> "아따, 이놈의 어른 좀 봐. 아, 염치없는 소리 하고 있네. 생김생김은 점잖게 생겨갖고. 여보시오, 남의 규중閨中 편지 사연을 무슨 말을 쓴지 알고 함부로 보잔단 말이오? 이놈의 어른아."
> "이 자식, 네가 무식한 말이로다. 옛말에 이르기를 **부공총총설부진**復恐悤悤說不盡**하야 행인임발우개봉**行人臨發又開封이라 허였으니, 잠깐 보고 다시 봉한들 허물되겠니?"
> 문자 하나 모르는 놈이 그 문자를 아는 척 하느라고,
> "아따, 그 차린 조격調格보담은 문자속은 바로 거드쳤네그려. 편지 줄 일은 아니오마는, 당신 문자 쓰는 것이 하도 신통해서 주는 것이니, 얼른 보고 주시오 잉."
>
> <어사 방자 상봉>

방자를 알아 본 이몽룡은 춘향이의 편지를 보고자 방자를 설득한다. 과연 방자가 이도령이 쓰는 말귀를 이해했는지는 모르지만 문자 쓰는 품이 신통하다고 얼른 읽어 보라고 준 것을 보면, 방자도 편지 속 내용이 무척이나 궁금하지 아니했겠는가.

'부공총총설부진復恐悤悤說不盡하여 행인임발우개봉行人臨發又開封'은 장적張籍의 시 <추사秋思>에 수록되어 있는 구절이다. '급히 쓴 편지이기에 할 말이 빠지지 않았는지 미심쩍어, 편지를 가지고 갈 사람이 떠나기에 앞서 다시 한 번 편지 봉투를 열어 본다'라는 뜻이다. 타향에서 고향에

소식을 전하는 나그네의 간절한 심정을 표현하고 있다. 고향을 떠나온 나그네에게 가을날 편지로 소식을 전하려니 간절한 고향 생각에 하고픈 말, 전하고자 하는 소식은 가득하기 마련이다. 혹시 전하지 못하는 말, 빠트린 소식이 이 있는지, 잘못 전하는 말이 있는지, 전령傳令이 떠나기 직전에 다시 한 번 개봉하여 내용을 확인하는 나그네의 애틋한 심사가 절절히 묻어나고 있다.

〈추사秋思〉 – 장적張籍[1]

洛陽城裏見秋風　　낙양성 안에서 가을바람 맞으니
欲作家書意萬重　　집에 편지를 쓰자 하니 생각은 만 겹으로 가득하네
復恐悤悤說不盡　　서둘러 쓰다보니, 사연을 다하지 못했을까 다시 걱정스러워
行人臨發又開封　　행인이 길을 떠날 때 다시 한 번 뜯어보네

고향을 떠나 객지에서 가을을 맞이하여 지은 작품으로, 고향에 대한 간절한 그리움을 표현한 시이다. 한양으로 춘향이의 편지 전하는 방자에게 무턱대고 내용을 보자고 덤비는 이몽룡이나, 그 말에 혹하며 내주는 방자나 어리숙하기는 매한가지이다. 판소리가 주는 해학이 바로 이런 것 아닐까.

---

[1] 장적張籍(766?-830) : 당나라 오군吳郡 사람. 화주和州 오강烏江에서 살았고, 자는 문창文昌이다. 덕종德宗 정원貞元 15년(799) 진사가 되고, 헌종憲宗 원화元和 원년(806) 태상시태축太常寺太祝에 올랐다. 이후 10년 동안 승진을 못하고 어려움에 직면하자, 맹교孟郊는 "궁핍하고 애꾸인 장태축窮瞎張太祝"이라 불렀다. 한유韓愈의 인정을 받았고 악부시樂府詩로 유명하며, 《장사업집張司業集》이 있다.

24

부수소관첩재오夫戍蕭關妾在吳

> "오냐, 춘향아, 우지 마라. 원수가 원수가 아니라, 양반 행실이 원수로고나. 우지 마라. 우지 마라. 내가 간들 아주 가며, 아주 간들 내가 잊을쏘냐? 옛 일을 모르느냐? **부수소관첩재오**夫戍蕭關妾在吳라, 소관에 술객戍客들과 오吳나라 정부征夫라도 각분동서各分東西 임 그리워 규중심처閨中深處 늙어 있고, ……
>
> 김연수 바디 <이별가>

'부수소관첩재오夫戍蕭關妾在吳'는 '남편은 변경인 소관을 지키고, 아내는 오나라에 있네'라는 뜻이다. 함께 해야 할 부부가 헤어져 남편은 아득한 국경에서 관문을 지키고, 아내는 고향에서 남편이 돌아오길 기다리는 안타까운 상황을 표현하고 있다.

'부수소관첩재오'는 왕가王駕의 부인인 진옥란眞玉蘭의 시 <기외정의寄外征衣>에서 연원한다.

<기외정의寄外征衣> — 진옥란眞玉蘭

夫戍邊關[1]妾在吳   지아비는 변관에서 수자리 살고 첩은 오나라에 있어

---

1 변관邊關 : 중국 감숙성의 동부 고원현 남동쪽에 있는 옛 관문으로 지세가 아주 험한 지역.

^{서 풍 취 첩 첩 우 부} 西風吹妾妾憂夫	가을바람 불어오니 남편 걱정 되는구나
^{일 행 서 기 천 행 루} 一行書寄千行淚	편지 한 줄에 눈물이 수없이 흐르니
^{한 도 군 변 의 도 무} 寒到君邊衣到無	님 계신 곳 추위 닥칠 터 옷은 이미 받으셨는지

　국경에 배치된 남편과 남편을 그리워하는 아내, 전쟁의 혼란 속에서 날씨는 추워지는데, 강남에 남겨진 여인네는 남편 생각에 잠길 뿐이다. 그래도 언젠가는 개선장군이 되어 돌아올 남편을 기다리며 편지 한 줄 써 보내는 아내처럼, 언젠가는 서로 상봉할 날이 오리니 춘향이에게 자기를 기다려 달라고 말하는 이도령의 애처로움과 간절함이 피어나는 애틋한 구절이다.

25

불개청음不改淸陰

> "이별 기별寄別 오기 전에 주련柱聯 한 장 쓰시기를, '시련유죽산창하始憐有竹山窓下에 **불개청음**대아귀不改淸陰待我歸'를 붙여두고 보라기에 심상尋常히 알았더니, 이제 와서 생각을 하니 이별을 당할라고 시참詩讖으로 쓰셨던가? 님의 생각이 점점 나네. 행궁견월상심색行宮見月傷心色의 달만 비쳐도 임의 생각. 춘풍도리화개야春風桃李花開夜에 꽃만 피어도 임의 생각. 야우문령단장성夜雨聞鈴斷腸聲에 비 죽죽 와도 임의 생각. 추절秋節 가고 동절冬節이 오면, 명사벽해明沙碧海를 바라보고 뚜루루루루 낄룩 울고 가는 기러기 소리에도 임의 생각. 앉아 생각, 누워 생각, 생각 그칠 날이 없어, 모진 간장에 불이 탄들 어느 물로 이 불을 끌거나? 아이고, 아이고, 아이고, 내 일이야."
> 이리 앉아 울음을 울며 세월을 보내는구나.
>
> <상사가相思歌>

　춘향이는 이별 후에 탄식을 하면서 이도령을 그리워한다. 이별 전에 있었던 여러 가지 일들이 새록새록 생각이 난다. 막상 이렇게 되고 보니, 이별 전에 써준 주련의 글귀마저도 이별을 미리 예감한 것이 아닌가 생각한다. 춘향이에게는 일상에서 부딪치는 사소한 것들마저도 하나하나 이도령을 생각하는 실마리가 된다. 이렇듯 깊이 떠나간 이를 생각하면서 시간이 흘러간다. 시간의 흐름도 '춘풍'과 '기러기 울음'으로 간략하게 표현된다.

　'불개청음不改淸陰'은 당나라 전기錢起[1]의 〈모춘귀고산초당暮春歸故山草

1　전기錢起(710-780 추정) : 당나라 절강浙江 오흥吳興 사람. 자는 중문仲文이다. 낭사원郎士

堂〉에 등장하는 시구이다.

〈모춘귀고산초당暮春歸故山草堂〉 – 전기錢起

谷口春殘黃鳥稀   골짜기 어귀 봄 저물어 꾀꼬리 드물고
辛夷花²盡杏花飛   백목련 모두 지고 살구꽃잎 날리는구나.
始憐幽竹山窓下   산창 밑의 사랑스러운 그윽한 대숲이여
不改淸陰待我歸   맑은 그늘 바꾸지 않고 나 돌아오기 기다렸구나

외지에서의 벼슬살이를 그만두고 고향에 돌아와 지은 작품으로 생각된다. 봄도 부질없이 지나가고 늦은 봄이 되었으니, 젊은 시절마저 속절없이 지나 꽃다운 모습 찾아 볼 수 없는 늘그막에 이른 자신의 모습을 투영하고 있다.

무심한 세월의 흐름 속에서도 '우리 집 창문 아래의 그윽한 대숲은 내가 돌아오기를 기다려 맑은 그늘을 지어 주고 있으니 그 얼마나 반가운지 모르겠다'라고 신속하게 전환하여 마무리 지은 솜씨가 빼어나다.³

元과 함께 '전랑錢郎'으로 일컬어진다. 현종 천보天寶 9년(751) 진사시험에 급제했고, 대력 大曆 연간에 태청궁사太淸宮使와 한림학사가 되었다. 청신수려淸新秀麗한 작품으로 대력십 재자大曆十才子의 필두로 칭송받는다.
2 신이화辛夷花 : 백목련白木蓮. 영춘화迎春花. 개나리.
3 〈모춘귀고산초당暮春歸故山草堂〉 : 늦은 봄에 고향의 초당에 돌아오다.《한시작가작품사전》, 국학자료원, 2007. 11. 15.

26

사군불견思君不見 반월半月이

> "네, 여봐라! 네가 그렇게 기생 점고를 하다가는 장장춘일長長春日이라도 못다 부를 테니 자주자주 불러 들여라."
> "예이."
> 그제는 호장戶長이 넉 자 화두話頭로 불러들이것다.
> "조운모우朝雲暮雨 양대선陽臺仙이, 우선유지雨鮮柳枝 춘흥春興이, **사군불견思君不見 반월半月**이, 독좌유황獨坐幽篁에 금선琴仙이, 어주축수漁舟逐水 홍도紅桃가 왔느냐?"
> "예, 등대等待하였소."
>
> <기생 점고>

'임을 그리워하나 볼 수 없다' 즉, '사군불견思君不見'하는 기생 반월이를 호장이 변사또에게 소개하고 있는 대목이다. 둥근달이 아닌 반달의 형상을 통해 임을 기다리는 아낙네의 마음처럼 온전하게 짝을 이루지 못하고 있음을 시각적으로 극대화하고 있는 형상성이 뛰어나다.

이백의 <아미산월가峨眉山月歌> 가운데 '사군불견'이라는 시구를 찾아 볼 수 있다.

<아미산월가峨眉山月歌> — 이백李白

峨眉山[1]月半輪秋   아미산에 반달이 걸린 가을날
影入平羌江[2]水流   달빛은 평강 강물에 어려 흐르네

夜發淸溪³向三峽⁴　밤에 청계를 떠나 삼협으로 향하노니
思君不見下渝州⁵　그대를 그리워하나 보지 못하고 투주로 내려가네⁶

　이백 하면 달과 함께 술과 여인을 동시에 떠올리게 된다. 더욱이 '이태백이 놀던 달'로 일컬어지는 달은 이백의 죽음에 관련된 일화에서도 살펴 볼 수 있다. 이와 같이 달은 그의 삶의 행적에서 아주 중요한 부분을 차지하고 있다고 해도 과언이 아니다.
　아미산의 가을 반달이 평강 강물에 비쳐 강물과 함께 흘러간다. 깊고 고요한 밤, 청계 마을을 떠나 삼협으로 향해 가는데, 아직 그 삼협에 이르지도 못했건만 산에 막혀 아미산에 떴던 그 달을 볼 수도 없다. 산과 물의 고장인 촉지방의 가을 달이 뜬 밤 풍광을 사진에 담아내듯 그려낸 명작이다.

1　아미산峨眉山 : 사천성四川省 성도成都 서남쪽 아미산시峨眉山市에 있는 높이 3,099m의 산. 산 모양이 蛾眉(아미, 미인의 눈썹)와 비슷해서 이름 붙였고, 대아大峨·중아中峨·소아小峨의 세 봉우리가 있어 삼아三峨라고도 일컫는다.
2　평강강平羌江 : 아미산 동북을 흐르는 강.
3　청계淸溪 : 평강강 하류의 마을.
4　삼협三峽 : 높은 산 사이 물이 흐르는 세 골짜기로, 호북성湖北省 파동현巴東縣의 서릉협西陵峽, 귀향협歸鄕峽, 무협巫峽을 말한다. 양편 기슭 7백 리에 걸쳐 산이 이어져 있어 하늘과 해를 가리므로, 한 낮이 아니면 해를 볼 수 없다고 표현된다.
5　투주渝州 : 지금의 중경시重慶市.
6　〈아미산월가峨眉山月歌〉: 아미산 달 노래, 《한시가작품사전》, 국학자료원, 2007.11.15.

27

삼월동풍三月東風

> 그 때여 춘향이는 사령이 오는지, 군로가 오는지 아무런 줄을 모르고, 독수공방獨守空房 주야상사晝夜相思 세월을 보내는디,
> "갈까부다, 갈까부네. 님을 따라서 갈까부다. 천 리라도 따러가고, 만 리라도 따러 나는 가지. 바람도 쉬어 넘고, 구름도 쉬어 넘는, 수지니 날지니 해동청 보라매 모도 다 쉬어 넘는 동설령고개, 우리 님이 왔다 허면 나는 발 벗고 아니 쉬어 넘으련만, 어찌허여 못 가는고? 무정허여 아주 잊고 일장수서一張手書가 돈절頓絶헌가? 뉘 년의 꼬염을 듣고 영영 이별이 되얐는가? 하늘의 직녀성은 은하수가 맥혔어도 일년일도一年一度 보건마는, 우리 님 계신 곳은 무삼 물이 막혔기로 이다지도 못 오시나? 차라리 내가 죽어 **삼월동풍**三月東 風 연자燕子 되어, 임 계신 처마 끝에 집을 짓고 노니다가, 밤중만 임을 만나 만단정회萬 端情懷를 풀어 볼거나? 아이고, 답답 내 일이야, 이를 장차 어쩔거나?"
>
> <상사가>

봄에 부는 따뜻한 바람에 노니는 제비처럼 자유롭게 임 계신 곳으로 날아가고만 싶은 춘향이의 마음이 담겨 있는 대목이다. 이제 죽어 영영 이별이 되는 것인가? 다가오는 죽음 앞에 실어 보내는 춘향이의 간절한 소망을 제비는 알까 모르겠다.

〈매화梅花〉 - 원元·왕면王冕[1]

---

[1] 왕면王冕(1287-1359) : 중국 절강성 출신, 호는 노촌老村, 죽당竹堂, 저석산농煮石山農, 회계 외사會稽外史 등이다. 묵매화墨梅花를 잘 그렸던 중국 원나라 때의 화가 겸 시인. 묵의 농담을 변화시켜 각기 다른 모습으로 피어 있는 매화를 표현하는 데 뛰어났다. 그림을

_{삼 월 동 풍 취 설 소} 三月東風吹雪消	봄바람 불어 눈 사라지고
_{호 남 산 색 취 여 요} 湖南山色翠如澆	호남 산색 푸르름 깊은 물속과 같네
_{일 성 강 관 무 인 견} 一聲羌管無人見	한 줄기 피리소리에도 사람은 보이지 않고
_{무 수 매 화 락 야 교} 無數梅花落野橋	문 밖 다리 위에 떨어지는 헤아릴 수 없는 매화 꽃잎들

동양화의 소재로 많이 쓰이는 매화, 난초, 국화, 대나무 즉, 사군자四君子 가운데 이른 봄에 추위를 이겨내고 제일 먼저 꽃을 피우는 매화는 불의에 굴하지 않는 선비의 절개를 상징한다. 이른 봄을 노래한 수많은 작품 가운데 왕면의 〈매화梅花〉를 차용한 것을 살펴보면, 춘향이의 울음 속에서 매화 같은 절개의 모습을 암시하고 있는 것으로 생각된다. 은유와 상징성 강한 시의적절한 작품의 활용을 통한 암시가 돋보인다.

그린 뒤 시를 짓고 낙관을 찍어 중국화풍의 독특한 풍격을 만들어냈다. 주요 작품에는 〈묵매도墨梅圖〉, 〈매화도梅花圖〉 등이 있다.

28

상전桑田이 벽해碧海되고
벽해가 상전이 되도록

> 작년 오월 보름날에 소녀 집을 찾어와겨, 도련님은 저기 앉고, 춘향 나는 여기 앉어, 천지天地로 맹세하고, 일월로 증인을 삼어, 상전桑田이 벽해碧海되고, 벽해가 상전이 되도록¹ 떠나 사지 마자더니, 말경末境에 가실 때는 뚝 떼어 버리시니, 이팔청춘二八青春 젊은 년이 독수공방獨守空房 어찌 살으라고?
>
> <이별가>

　　상전벽해桑田碧海는 뽕나무 밭이 변하여 푸른 바다가 된다는 뜻으로, 세상사가 몰라볼 정도로 바뀌어 버리고, 인생의 덧없음을 일컫는 말이다. 이별의 장면에서 춘향이는 세상이 몰라보게 바뀔 정도로 오래도록 함께 하자고 했던 언약을 지키지 못하고 떠나려는 이도령에게, '이렇게는 못 보낸다. 사생결단 하자'고 달려드는 모습을 연출하고 있다. 이별을 앞둔 여인치고는 섬뜩할 정도로 무섭기까지 하다. 무엇보다도 깊은 사랑과 형언할 수 없는 이별의 슬픔을 역설적으로 표현한 것이 아니겠는가?

　　상전벽해의 출전은 노조린盧照隣의 〈장안고의長安古意〉, 갈홍葛洪의 《신선전神仙傳》 그리고 유정지劉廷芝의 〈대비백두옹代悲白頭翁〉 등에서 찾아볼 수 있지만, 그 원류에 대한 주장은 서로 분분하다.

1　벽해碧海가 상전桑田이 되도록 : 푸른 바다가 변하여 뽕나무 밭이 된다는 뜻으로, 세월이 무상하게 변하는 것을 비유한 말.

초당사걸初唐四傑[2] 가운데 한 사람인 노조린盧照隣은 한때 비상한 글재주로 전도가 유망한 청년으로 명성이 자자했다. 하지만 나이 마흔에 이르지도 못하고 중풍에 걸려 비참한 삶을 마감했던 기구한 운명의 소유자였다. 병마에 시달리던 노조린은 요양을 위해 하남성河南省 우현禹縣의 구자산具茨山 기슭에 은거했지만, 병세가 호전되기는커녕 오히려 두 다리가 마비되고 한 쪽 손마저 못쓰게 되었다. 노조린은 절망 끝에 〈석질문釋疾文〉 3수를 남기고 병고에 찌든 육신을 강물에 던지고 말았다. 이러한 질곡의 삶에서 기인하는 그의 시는 삶의 고통스러움과 인생의 무상함을 노래한 작품이 대부분이다. '상전벽해'라는 시구를 찾아볼 수 있는 노조린의 〈장안고의長安古意〉는 다음과 같다.

〈장안고의長安古意〉[3] － 노조린盧照隣[4]

長安大道連狹斜	장안 큰길에 협사란 유곽 이어 있어
青牛白馬七香車	청백의 우마차 일곱 향기 퍼지네
玉輦縱橫過主第	옥색 수레 이리저리 저택에 드나들고
金鞭絡繹向侯家	금채찍 줄이어 제후 집을 향해 가네
龍銜寶蓋承朝日	용무늬 장식 덮개 아침 해를 떠받치고
鳳吐流蘇帶晚霞	봉황은 유소를 토해내어 저녁노을을 휘감네

---

2 중국 초당기初唐期(7세기)의 시단을 대표하는 시인으로 왕발王勃·양형楊炯·노조린盧照鄰·낙빈왕駱賓王을 초당사걸이라 한다. 성姓만을 따서 '왕양노락王楊盧駱'이라고도 한다.
3 노조린盧照隣의 〈장안고의長安古意〉, 《전당시全唐詩》 권41-34.
4 노조린(생졸년 미상) : 자字는 승지升之, 호는 유우자幽憂子, 유주幽州 범양范陽(현재의 하북성河北省 탁주涿州) 출신. 시와 술에 능했으며, 왕발, 양형, 낙빈왕과 함께 초당사걸初唐四傑로 일컬어지며, 가행체의 시가와 변문에 능했다. 저서로는 《노조린집盧照隣集》과 《유우자幽憂子》가 있다.

| 百丈遊絲爭繞樹 | 백 길 길이의 실은 다투듯 나무를 둘러싸고 |
| 一群嬌鳥共啼花 | 한 무리 애교스런 새들은 함께 꽃을 보고 노래하네 |

(중략)

節物風光不相待	계절의 문물과 풍광은 기다리지 않으니
桑田碧海須臾改	상전과 벽해는 삽시간에 변하였네
昔時金階白玉堂	그 옛날 금계단과 백옥의 높은 마루는
即今唯見青松在	그 누가 지금 푸른 소나무 남아 있음을 보았나
寂寂寥寥楊子居	적막하고 쓸쓸한 양웅의 거처
年年歲歲一床書	세월이 흘러가도 서가의 책뿐이로다
獨有南山桂花發	홀로 피고 지는 남산의 계수나무 꽃
飛來飛去襲人裾	날아다니며 사람의 옷자락에 스친다네

노조린의 〈장안고의〉는 모두 68구의 7언 고시로서 그의 대표작이라 할 수 있다. 이 시는 장안의 차마, 궁실, 창녀倡女, 무녀, 협객, 왕후장상王侯將相에 이르기까지 호화로운 생활을 묘사하며 현실을 풍자하고 있다. 노조린은 〈장안고의〉의 전반부에서 인생과 자연의 변천을 말하고, 후반부에서는 양웅楊雄을 빌어 자신을 암시적으로 표현하고 있다.

상전벽해桑田碧海는 '세상 모든 일의 변화가 매우 심한 것'을 비유하는 의미로 쓰였는데, 원래 이 말의 출처는 갈홍葛洪[5]의 저작인 《신선전神仙

---

5 갈홍葛洪(283-343?) : 중국 동진東晉의 학자. 자는 치천稚川, 호는 포박자抱朴子. 장쑤성江蘇省 구용현句容縣 사람으로 귀족 출신이다. 종조부인 갈현葛玄의 제자 정은鄭隱에게 선도仙道를 배웠고, 장도릉張道陵이 시작한 도교道教의 이론적 기초를 세웠다. 만물의 근원인 도를 닦으면 천지와 수명을 같이 할 수 있으며, 신선의 도는 영원히 현신現身을 보존할 수 있다고 하였다. 그 방법으로 연단鍊丹・태식胎息・방중술房中術 등을 말하고 또 도덕적 행위의 필요를 주장하였다. 저서로는 《포박자抱朴子》(내편 20권, 외편 20권), 《신선전神仙傳》(10권) 등이 있다

傳》의 마고선녀 이야기에서 유래된 것이다.

<u>麻姑</u>謂<u>王方平</u>曰 <u>自接待以來見東海三變爲桑田向到蓬萊水乃淺於往者</u>
<u>略半也豈復爲陵乎王方平</u>曰 <u>東海行復揚塵耳</u>

마고麻姑[6]라는 선녀가 신선 왕방평王方平에게 말했다. "곁에서 모신 이래 저는 동해가 세 번이나 뽕나무밭으로 바뀌는 것을 보았습니다. 이번에 봉래蓬萊에 갔더니 바다가 다시 얕아져서 이전의 반밖에는 되지 않았습니다. 또 언덕이 되려는 것일까요?" 왕방평이 대답했다. "동해가 다시 흙먼지를 일으킬 뿐이라네."

한편, 유정지劉廷芝[7]의 〈대비백두옹代悲白頭翁〉에서도 '상전변성해桑田變成海'라는 시구를 찾아 볼 수 있다.

〈대비백두옹代悲白頭翁〉 — 유정지劉廷芝

洛陽城東桃李花   낙양성 동쪽의 복숭아꽃 오얏꽃
飛來飛去落誰家   이리저리 흩날려 뉘 집에 지는가

---

6 마고麻姑 : 중국 여신선女神仙. 《신선전神仙傳》에 한漢나라 환제桓帝시대 신선인 왕원王遠과 함께 마고麻姑가 채경蔡經의 집에 강림하여 연회를 베풀고 신선세계의 이야기를 했다는 내용이 있다. 마고의 말 중에도 오래 살아서 동해東海가 세 번씩이나 뽕나무밭이 되는 것을 보았다는 "창해滄海의 변變"의 이야기는 유명하다. 마고 강림의 환상적인 이야기는 도교교단道教教團이 7월 7일에 행한 주방 의식과 관계가 있다고 한다. 또한 마고는 손톱이 길어, 채경이 등이 가려울 때 긁어주면 기분이 좋으리라고 생각했다고 하며, 이른바 '손자의 손'은 사실은 '마고의 손'이었다고 한다.
7 유정지劉廷芝(651-678?) : 이름을 庭芝라고도 쓰며, 자는 희이希夷. 당唐나라 여주汝州 사람. 그의 시는 애수를 띠고 있으며, 종군 규정시從軍閨情詩를 잘 지었다. 25세 때 진사에 급제하였고, 미남자인 데다가 담소하기를 즐겼으며 술을 좋아하였다. 지행志行을 닦지 아니하여 30세도 되기 전에 간인姦人에게 살해당하였음.

洛陽女兒惜顏色	낙양의 아가씨들, 고운 얼굴 안타까워
行逢落花長嘆息	지는 꽃 바라보며 길게 한숨짓네
今年花落顏色改	올해 꽃 질 때 고운 얼굴 사라지고
明年花開復誰在	내년에 꽃 필 때 누가 다시 있으려나
已見松柏摧爲薪	소나무, 잣나무 잘리어 장작이 된 것을 본 적이 있고
更聞桑田變成海	뽕나무 밭이 바다가 되었다는 말을 들은 적이 있네
古人無復洛城東	옛 사람 한 번 가면 낙양성 동쪽에 다시 오지 못하고
今人還對落花風	지금 사람만 바람에 떨어지는 꽃잎 마주 대하네
年年歲歲花相似	해마다 피고지는 꽃들은 비슷하지만
歲歲年年人不同	해마다 꽃 구경하는 사람들은 같지 않네

(후략後略)

일설에 의하면, 〈대비백두옹代悲白頭翁〉 가운데 등장하는 '연년세세화상사年年歲歲花相似 세세년년인부동歲歲年年人不同' 두 구절이 깊은 무상감을 표현하는 절창인지라, 작자의 장인인 송지문宋之問이 그 구절을 탐한 나머지 자기에게 주기를 간청하였으나 유정지가 거절하였다. 이로 인하여 송지문은 사람을 시켜 흙을 담은 포대로 시인을 죽였다는 섬뜩한 일화가 전해지기도 한다.

29

섬섬옥수纖纖玉手

> 장장채승長長彩繩 그넷줄을 휘늘어진 벽도壁桃 가지 휘휘칭칭 감어 매고, 섬섬옥수纖纖玉手 번듯 들어 양 그넷줄을 갈라 잡고, 선뜻 올라 발 굴러 한 번을 툭 구르니 앞이 번듯 높았네. 두 번을 구르니 뒤가 점점 멀었다.
>
> <춘향 추천鞦韆>

섬섬옥수纖纖玉手는 가녀리고 가녀린 옥 같은 손이라는 말로서, 가냘프고 고운 여자女子의 손을 말한다. 《시경詩經》〈위풍魏風·갈구葛屨〉에 보면 "섬섬옥수纖纖玉手 가이봉상可以縫裳"이라는 표현이 있다.[1] 이 시는 위나라의 풍속이 검소하고 인색한 데 대하여, 갓 시집 온 여인이 자신의 불만을 담아 풍자한 노래이다.

《시경詩經》〈위풍魏風·갈구葛屨〉

糾糾葛屨(규규갈구)	껍질 얽어 만든 칡 신으로
可以履霜(가이리상)	서리라도 밟을 수 있겠네
纖纖玉手(섬섬옥수)	곱고 가녀린 여인의 손으로
可以縫裳(가이봉상)	옷을 짓게 할 수 있네

1　[네이버 지식백과] 섬섬옥수纖纖玉手 참조.

要之襋之 _{요지극지}	허리대고 동정도 대면
好人服之 _{호인복지}	남편은 그 옷을 입을 수 있네
好人提提 _{호인제제}	남편은 점잖아
宛然左辟 _{완연좌벽}	겸손하게 왼쪽으로 비끼네
佩其象揥 _{패기상체}	상아 족집게를 차고 있는
維是褊心 _{유시편심}	다만 내 좁은 마음에
是以爲刺 _{시이위자}	이렇게 불평해 보네

세거인두백歲去人頭白

> "이 사람아, 말을 듣소. 육십당년六十當年 늙은 년이 무남독녀 내 딸 춘향 옥중에다가 넣어두고, 옥바라지를 허느라고 밥 못 먹고, 잠 못 자니, 정신이 없고 눈이 어두워, 엊그저께 보든 사람 정녕 나는 모르겠네."
> 어사또 이른 말,
> "경세우경년經歲又經年허니 자네 본 지가 오래여. 세거인두백歲去人頭白허여 백발이 완연宛然히 되얐으니, 자네 일이 모도 말 아닐세. 나를 모르나? 장모, 자네가 망령이여."
> 춘향 모친 이 말 듣더니,
> "아니, 무엇이 어찌여? 장모라니 에이? 장모라니 웬 말이여?"
> <어사와 춘향모 상봉>

 세월 흘러가니 사람 머리 희어지는 인생의 무상함을 표현하는 명구이다. 이몽룡은 나이 들어 머릿결마저 허옇게 된 춘향모의 몰골이 말이 아님을 말하고 있다. 오직 하나뿐인 자식 춘향이 옥중에서 갇혀 죽는 날만을 기다리고 있는데 그 몰골이 나이와 무슨 상관이겠는가. 하지만 이러한 상황을 모두 아는 이몽룡이 세월 탓을 하는 모습인지라 제법 우스꽝스럽기까지 하다.

 '세거인두백歲去人頭白'이란 시구를 찾아 볼 수 있는 작품으로는 당나라 때 지어진 시라는 데에는 이견이 없으나, 작가와 제목에 관련하여 두 가지 견해가 있다. 하나는 노륜盧綸[1]의 <동이익상추同李益傷秋>이고, 나머지 하나는 전기錢起[2]의 <상추傷秋>이다.

⟨상추傷秋⟩ – 전기錢起

歲去人頭白 (세거인두백)	세월 가니 사람 머리는 희어지고
秋來樹葉黃 (추래수엽황)	가을 오니 나뭇잎 노래지네
搔頭向黃葉 (소두향황엽)	머리 긁으며 누런 잎 바라보며
與爾共悲傷 (여이공비상)	그대와 더불어 함께 상심하네

사랑하는 사람과 함께 하며 자연의 정취를 통해 인생의 무상함을 표현하고 있다. 인생무상人生無常이 슬프다기보다는 자연의 순리를 받아 들이는 순종의 모습인지라 애틋함보다는 편안한 느낌이 가득한 작품이다. 전기錢起는 친구들과 주고받는 이야기와 자연을 제재로 삼아 온화하고 사회현실과 거리를 두는 비교적 높은 예술 수준을 갖춘 한가하고 우아優雅한 풍격風格의 시를 많이 창작했는데, 이 작품을 통해서도 그의 시세계를 읽어 낼 수 있다.

'세거인두백歲去人頭白'이란 시구는 《추구推句》에서도 찾아 볼 수 있는 바와 같이, 조선시대 양반 자제子弟들이 많이 인용하고 즐겨 썼던 표현이다.

《추구推句》 24二十四

| 歲去人頭白 (세거인두백) | 세월이 가니 사람의 머리는 희어지고 |

---

1 노륜盧綸(약 737-799) : 자는 충언允言이고 대력십재자大歷十才者*의 한 사람으로 지금 하중포河中蒲(산서성山西省 영제현永濟縣) 사람이다.
   * 대력십재자大歷十才者 : 당나라 현종, 대력년간大歷年間에 활동했던 10명의 대표적인 시인으로, 그들은 시가 형식과 기교에 편중한 공통적인 특색을 지닌다.
2 전기錢起 : 80쪽 주석 1 참조.

^{추 래 수 엽 황}
秋來樹葉黃 가을이 오니 나뭇잎은 누렇게 물드네
^{우 후 산 여 목}
雨後山如沐 비 온 뒤의 산은 머리를 감은 듯하고
^{풍 전 초 사 취}
風前草似醉 바람 앞의 풀은 술 취한 듯 휘날리네

31

송군남포불승정 送君南浦不勝情

> "둥둥둥, 내 낭군. 오호 둥둥, 내 낭군. 도련님을 업고 노니, 좋을 호好 자字가 절로 나. 부용芙蓉 작약芍藥에 모란화牡丹花, 탐화봉접探花蜂蝶이 좋을시구. 소상瀟湘 동정洞庭 칠백 리, 일생 보아도 좋을 호로구나. 둥두우우우 둥둥 오호 둥둥, 내 낭군."
> 도련님이 좋아라고,
> "이애, 춘향아. 말 들어라. 너와 나와 유정有情허니 '정情' 자字 노래를 들어라. 담담장강수澹澹長江水 유유원객정悠悠遠客情 하교불상송河橋不相送허니 강수원함정江樹遠含情. **송군남포불승정**送君南浦不勝情, 무인불견송아정無人不見送我情, 하남태수河南太守의 희우정喜友情. 삼태육경三台六卿의 백관조정百官朝廷, 소지원정所志原情, 주어 인정人情, 네 마음 일편단정一片丹情, 이내 마음 원형이정元亨利貞, 양인兩人 심정이 탁정託情타가 만일 파정破情이 되거드면, 복통절정腹痛絶情 걱정이 되니, 진정으로 완정玩情허잔 그 '정' 자 노래라."
>
> <사랑가> 중 '정 자 노래'

'송군남포불승정送君南浦不勝情'은 '남포에서 그대를 보내려니 안타까움 이길 수 없네'라는 뜻이다. 이 문장은 무원형武元衡의 <악저송우鄂渚送友>에서 인용한 시구로서, 강을 소재 삼아 이별과 사랑을 노래한 작품이다.

<악저송우鄂渚送友> — 무원형武元衡

| 雲帆淼淼巴陵渡 운범묘묘파릉도 | 구름같은 높은 돛 끝없이 펼쳐져 파릉[1]을 건너고 |
| 煙樹蒼蒼故郢城[2] 연수창창고영성 | 안개에 쌓인 나무들 드넓게 펼쳐지니 바로 영성이라 |

江上梅花無數落　　강위에 매화는 무수히 떨어지는데
送君南浦不勝情　　남포에서 그대를 보내려니 안타까움 이길 수 없네

　강을 소재로 이별을 노래한 시 가운데 우리에게 널리 알려진 작품으로는 고려시대 정지상의 〈송인送人〉 그리고 백거이白居易의 〈남포별南浦別〉 등의 작품이 비교적 유명하다. 이 가운데 단장의 아픔으로 이별을 노래한 백거이의 〈남포별〉은 다음과 같다.

〈남포별南浦別〉　— 백거이白居易

南浦凄凄別　　남포의 서글픈 이별
西風嫋嫋秋　　서풍에 나부끼는 가을날
一看腸一斷　　바라보면 애간장 끊어지니
好去莫回頭　　돌아보지 말고 그냥 떠나주오

　떠나가는 것을 차마 볼 수 없으니, 어서 떠나라는 반어적인 표현 속에 절제된 감정의 억제가 이별의 정을 더욱 안타깝게 자아낸다.

1　파룽巴陵 : 지금의 호남성湖南省 악양岳陽 일대.
2　영성郢城 : 춘추시대 초楚나라 서울. 지금의 호북성湖北省 강릉현江陵縣 북쪽 지역. 역사상 음탕한 곳으로 유명하며, 그 지방의 비속하고 음탕한 음악을 '영성郢聲, 영곡郢曲'이라 함. 《한시어사전》, 국학자료원, 2007.7.9.

32

송하松下에 문동자問童子,
채약부지採藥不知 운심雲深이

> "송하松下에 문동자問童子, 채약부지採藥不知 운심雲深이 왔느냐?"
> "예. 등대等待허였소."
> "동방사창洞房紗窓에 비취었다, 사랑허다고 애월愛月이 왔느냐?"
> "예. 등대허였소."
> "소지노화笑指蘆花 월선月仙이, 어주축수漁舟逐水 홍도紅桃가 왔느냐?"
> "예. 등대허였소."
> "사시장청四時長靑 죽엽竹葉이, 중양추색重陽秋色에 국화菊花가 왔느냐?"
> "예. 등대허였소."
> "진주眞珠, 명주明珠 다 오는디, 제일 보배에 산호주珊瑚珠 왔느냐?"
> "예. 등대허였소."
>
> 김연수 바디 <기생 점고>

 소나무 아래 있는 아이에게 스승의 소재를 물었더니, 대답하기를 약초 캐러 가서서 알 수 없다는 시구를 인용하여 기생 운심이를 소개하는 대목이다. 기생 이름은 그렇다 치더라도 호장의 한시 실력의 깊이가 여간 아니다.

 '송하松下에 문동자問童子, 채약부지採藥不知 운심雲深이'. 이 문장은 당나라 시인 가도賈島의 대표작인 <심은자불우尋隱者不遇>의 시어를 교묘하게 재구성한 것이다. 가도의 <심은자불우>는 다음과 같다.

〈심은자불우尋隱者不遇〉 — 가도賈島[1]

松下問童子 (송하문동자)　소나무 아래 동자에게 물으니
言師採藥去 (언사채약거)　스승님은 약초 캐러 가셨다고 말하네
只在此山中 (지재차산중)　다만 이 산 속에 있을 터
雲深不知處 (운심부지처)　구름 깊어 가신 곳을 알 수 없네요

가도의 20자로 구성된 오언절구의 명편인 〈심은자불우〉 가운데 형상성과 상징성이 강한 시어 '송하松下', '문동자問童子' 그리고 '채약採藥'과 부지不知를 한 데 어우르고, 다시 이 작품의 핵심을 이루는 구름 즉, '운雲' 자를 활용한 '운심이'라는 작명조차 예사롭지 않은 표현이라고 생각된다.

은자와 은자를 찾아 나선 친구 그리고 은자를 보살펴주는 동자, 수려한 대자연 속에 어우러진 세 사람의 모습이 눈에 가득한 작품이다. 청정한 대자연 속에서 생활하는 은자를 찾아 술이라도 한 잔 하려고 갔지만, 유유자적悠悠自適 대자연에서 자유로운 은자를 만나지 못한 아쉬움 속에서도 푸르른 소나무와 눈에 가득한 흰 구름이 어우러진 정경을 그려내고 있다. 눈앞에 펼쳐진 시원스런 풍광은 한 폭의 동양화를 보는 듯 정겹기만 하다. 약초를 캐러간 은자의 시간과 공간 속에는 유유자적하는 자유로움과 여유로움만이 가득하다.

---

[1] 가도賈島(779-843) : 중국 중당中唐 시기의 시인. 하북성 출생이며, 자는 낭선浪仙이다. 출가出家하여 승려가 되었으나, 한유에게 재능을 인정받고 환속還俗하였다. '조숙지변수 승고월하문鳥宿池邊樹 僧敲月下門'이라는 시구를 짓고서 '고稿'를 '퇴推'로 고칠 것인지에 대하여 고심했다는 퇴고推敲의 일화가 유명하다. 표현에 마음을 쓰라는 이른 바 '퇴고고음推敲苦吟'은 가도에게서 기원한다.

33

시련유죽산창하始憐幽竹山窓下에 불개청음대아귀不改淸陰待我歸

> "이별 기별奇別 오기 전에 주련柱聯 한 장 쓰시기를, '시련유죽산창하始憐幽竹山窓下에 불개청음대아귀不改淸陰待我歸'를 붙여두고 보라기에 심상尋常히 알았더니, 이제 와서 생각을 하니 이별을 당할라고 시참詩讖으로 쓰셨던가? 님의 생각이 점점 나네. 행궁견월상심색行宮見月傷心色의 달만 비쳐도 임의 생각. 춘풍도리화개야春風桃李花開夜에 꽃만 피어도 임의 생각. 야우문령단장성夜雨聞鈴斷腸聲에 비 죽죽 와도 임의 생각. 추절秋節 가고 동절冬節이 오면, 명사벽해明沙碧海를 바라보고 뚜루루루루 낄룩 울고 가는 기러기 소리에도 임의 생각. 앉아 생각, 누워 생각, 생각 그칠 날이 없어, 모진 간장에 불이 탄들, 어느 물로 이 불을 끌거나? 아이고, 아이고, 아이고, 내 일이야."
> 이리 앉아 울음을 울며 세월을 보내는구나.
>
> <상사가相思歌>

이몽룡과 춘향이가 이별하게 될 줄을 어찌 꿈에서라도 알았겠는가? 이도령이 이별하기 전에 춘향에게 기둥에 장식으로 붙이라고 써서 보낸 시구가 바로 '시련유죽산창하始憐幽竹山窓下에 불개청음대아귀不改淸陰待我歸'[1]이다. 이는 바로 '객지에 갔던 몸, 고향에 돌아오니, 계절도 바뀌고, 물색도 달라지고 모두가 변했건만, 다만 산창 아래 몇 그루의 대나무만이 절개를 변치 않고 내가 오기를 기다리는구나'라는 의미이다.

춘향이는 닥친 현실의 이별 앞에서 자신과 이별을 하려고 일찌감치 암시를 준 것이 아닌가 하고 이도령을 타박한다. 당대 시인 전기錢起의

---

[1] 「25. 불개청음不改淸陰」에서 인용된 대목.

〈모춘귀고산초당暮春歸故山草堂〉은 이미 앞에서 설명한 바 있으므로 생략한다. ('25. 불개청음不改淸陰' 참조)

전기의 〈모춘귀고산초당〉은 시인이 외지에서 벼슬살이를 그만두고 고향에 돌아와서 지은 작품이라고 생각된다. 어느덧 늦은 봄이 되어 돌아와 보니, '산기슭에 자리한 우리 집 창문 아래의 그윽한 대숲은 내가 돌아오기를 기다려 맑은 그늘을 지어 주고 있으니, 그 얼마나 반가운지 모르겠다'라고 하여 대숲과 초당이 어우러진 고향의 그윽한 정취 속의 평온함을 노래하고 있다.

〈춘향가〉에서 이몽룡은 〈모춘귀고산초당〉의 시구를 적어 맑은 산간에서 자라고 있는 대나무를 유죽幽竹, 산창山窓, 청음淸陰 등 상징성 강한 시어를 통해 격조 높은 절개의 미인으로 춘향에 비유하고 있다. 상징성과 암시성이 빼어난 효과적인 전고典故의 운용이라고 생각된다.

34

쌍옥제번雙玉蹄飜

> 방자 분부 듣고 나귀 안장 짓는다. 나귀 등 선뜻 올라 뒤를 싸고 앉은 후, 쇄금당선灑金唐扇 좌르르 펴 일광日光을 가리우니 하릴없는 선동仙童이라. 관도성남官道城南 너른 길 기풍하起風下에 나는 티끌 광풍狂風 좇아 펄펄, 도화점점桃花點點 붉은 꽃 보보향풍步步香風 뚝 떨어져, **쌍옥제번**雙玉蹄飜 네 발굽 걸음걸음이 생향生香이라. 일단선풍도화색一團旋風桃花色 위절도적표마衛節度赤驃馬가 이 걸음을 당헐쏘냐? 가련인마상휘광可憐人馬相輝光, 만성견자수불애滿城見者誰不愛랴? 취과양주귤만거醉過楊州橘滿車의 두목지杜牧之 풍채風采로구나. 호호浩浩거리고 나간다.[1]
>
> <나귀 안장>

'쌍옥제번雙玉蹄飜'은 '보보향풍'과 함께 청년 이몽룡의 당당하고 자신감 넘치는 모습을 형용하는 표현이다. '쌍옥제번'은《전당시全唐詩》권 165 <이백> 편에 실려 있는 <자류마紫騮馬>라는 작품에 등장하는 "쌍번벽옥제雙翻碧玉蹄"를 변용한 것이다.

<자류마>는 한대 악부의 가곡명이며, 자주 빛깔을 띤 검은 갈기를 지닌 명마[2]의 이름이다. 이 작품 가운데 앞의 네 구는 진晉나라 왕제王濟의 명마를 읊었고, 뒤의 네 구는 자류마를 타고 수자리 나간 정부征夫의

---

1 「22. 보보향풍」에서 인용된 대목임.
2 중국 역사에 명마라 불리는 팔준마가 있다. 주 무왕武王이 폭군이었던 은殷 주왕紂王과 싸울 때 탔던 말의 후예로 적기赤驥, 도려盜驪, 백희白犧, 산자山子, 유륜踰輪, 거황渠黃, 화류驊騮, 녹이綠耳를 칭함. [네이버 지식백과]《목천자전穆天子傳》(낯선 문학 가깝게 보기 : 중국문학, 2013.11, 인문과 교양).

심정을 노래하고 있다. '쌍번벽옥제'는 힘차게 내달리는 말의 위용을 표현한다.

이백의 명편 〈자류마〉는 다음과 같다.

〈자류마紫騮馬〉 — 이백李白

紫騮行且嘶 (자류행차시)	자색의 붉은 말 걸으며 울부짖는데
雙翻碧玉蹄 (쌍번벽옥제)	벽옥 같은 말발굽 번갈아 뒤집으며 달리네
臨流不肯渡 (림류불긍도)	물가에 이르러 건너려하지 않으니
似惜錦障泥 (사석금장니)3	비단 진흙 가리개가 아까워서라네
白雪關山遠 (백설관산원)	흰 눈 덮인 관산 멀리 보이고
黃雲海戍迷 (황운해수미)	누런 구름 가득한 해질녘 변방은 아득하여라
揮鞭萬里去 (휘편만리거)	채찍을 휘두르며 만 리 먼 길 떠나가니
安得念香閨 (안득념향규)	어찌 고향의 아내를 생각하랴4

〈자류마〉는 변새악부邊塞樂府의 한 형태로 시간의 흐름에 맞추어 말과 정부의 심정을 표현하고 있다. 하지만 영원히 돌아올 수 없음을 알고 있는 장부의 전투 의지, 한 필의 용감한 전투마를 통해 감정의 폭을 점진적으로 상승시킴에 따라 장엄한 분위기를 자아낸다. 정벌 나가는 변경의 병사, 그리고 사막을 향해 돌진하는 자류마, 하지만 전쟁터에서 장엄하게 전사할 마지막 운명이 될 것이라는 상상마저 예감할 수 있다.

---

3 장니障泥는 말안장이다. 진쯥나라 왕제가 말을 탈적에 물을 건너려 하지 않자 말하기를 "말이 반드시 연건連乾(말안장 중의 하나)의 비단 안장을 아껴서일 것이다."라고 말하고서 안장을 제거하고 마침내 물을 건넜다.
4 이백의 〈자류마紫騮馬〉:《고문진보·전집》권39,《전당시》권165.

35

암향부동월황혼暗香浮動月黃昏

> "**암향부동월황혼**暗香浮動月黃昏 소식 전턴 매화梅花가 왔느냐?"
> "예, 등대等待하였소."
>
> 정정렬 바디 <기생 점고>

'그윽한 향기 황혼 달빛에 떠도네'라는 의미의 "암향부동월황혼暗香浮動月黃昏"은 중국 송나라 시인 임포林逋의 〈산원소매山園小梅〉에 등장하는 시구이다. 매화의 원산지였던 중국에는 옛날부터 매화를 사랑하는 애매가愛梅家로 이름이 알려진 역사 속 인물들이 수 없이 많이 등장한다. 그 가운데에서도 첫째로 꼽아야 할 사람은 바로 송나라의 화정和靖 임포라고 말해도 손색이 없을 것이다.

전설에 따르면, 임화정은 일찍이 학문에 정진하여 명성이 높았지만, 당시의 부패한 정치에 불만을 품은 채 항주의 서호西湖 부근 고산孤山에 집을 짓고 은거하며, 결혼도 하지 않고 20여 년 동안 성시城市에는 나가지도 않았다고 전한다. 신변에는 언제나 백학白鶴과 사슴 한 마리를 데리고 있었는데, 술을 마시고 싶으면 목에 술병을 걸친 사슴을 술집에 보내고, 손님이 방문해 오면 학이 공중에서 울어서 알리는 신선과도 같은 한적하고 높은 품격品格의 생활을 즐긴 인물로 유명하다.

어느 때인가 아는 사람의 권고에 따라 집 주변에 3백여 그루의 매화나무를 심은 후에는, 완전히 매화나무에 심취하여 매화를 감상하고는 시를 읊거나 그림을 그리는 것으로 세월을 보냈다고 한다. 그의 일생은 과연 '매치梅痴'라는 이름이 어울릴 만큼 매화에 사로잡혀 포로가 되어 버렸다. 후세 사람들이 그를 가리켜 "매화를 아내[梅妻]로 삼고, 학을 아들[鶴子]로, 사슴을 집안 심부름꾼[鹿家人]으로 삼았다"라고 평가했을 정도였다.

어느 봄날 저녁 그는 서호에서 물에 거꾸로 비친 매화의 정취에 감동하여 그 자리에서 바로 시를 읊었다. 이 작품이 바로 〈산원소매山園小梅〉라는 시로서, 매화의 매력을 남김없이 묘사한 절창으로 손꼽힌다.

〈산원소매山園小梅〉 – 임포林逋[1]

衆芳搖落獨暄姸	모든 꽃 다 떨어지고 없으나 홀로 곱고 아름다워
點盡風情向小園	작은 동산의 아름다운 풍광을 독차지 하였네
疏影橫斜水淸淺	어스름 그림자 비스듬히 드리운 맑고 얕은 물 위에
暗香浮動月黃昏	그윽한 향기 황혼 달빛에 떠도네
霜禽欲下先偸眼	겨울새는 내려앉으려 주위를 먼저 살피고
粉蝶如知合斷魂	꽃나비가 매화꽃을 알아보고 깜짝 놀란 듯하네
幸有微吟可相狎	다행히 나는 시를 읊으며 서로 친할 수 있으니
不須檀板共金樽	노래 가락 악기나 술 항아리도 필요 없다네

---

1 임포林逋(967-1028) : 중국 북송의 시인이자 화가. 자는 군부君復. 인종仁宗이 내린 시호 임화정林和靖으로 불리었다. 전당錢塘(현재 절강성 항주) 출신으로, 일생 동안 독신으로 서호西湖의 고산에 은거하며 매화 300본을 심고, 학 두 마리를 기르며 20년간 성안에 들어오지 않고 풍류 생활을 했다. 후세 사람들이 매화를 아내로 삼고, 학을 아들로 삼고, 사슴을 심부름꾼으로 삼았다고 평가한 바와 같이, 이상적인 은둔자로서 학을 길들이는 고사를 묘사한 〈무학도〉, 〈준학도〉 이외에도 매화를 사랑한 고사에 따른 〈애매도〉는 4애도四愛圖의 하나가 되었다.

임포의 〈산원소매〉 가운데 "암향부동월황혼暗香浮動月黃昏, 그윽한 향기 황혼 달빛에 떠도네."라는 구절이 천하의 명문장으로 회자되고 있다. 이로부터 매화와 달이 함께 어우러진 '암향暗香'이라는 단어가 보편적으로 사용되었다. 칠언율시(칠율七律)의 대구對句는 매화의 아름다움을 읊은 빼어난 대구의 전형으로서 이후의 매화 이미지에 결정적인 영향을 주게 되었다. 그 중심을 이루는 것은 '소영疎影'과 '암향暗香'의 대구이다. 이전에는 반드시 매화만을 가리키는 것이 아니었던 '암향暗香'이란 시어가 이후로는 오로지 매화를 의미하게 될 만큼 사람들의 마음을 사로잡게 되었다. 송대 혹은 송시를 상징하는 꽃이 매화라고 해도 좋을 만큼 상징성을 부여받게 된 것도 다름 아닌 이 작품이 원천으로 작용하게 되었던 것이다.

임포의 〈산원소매〉는 생생하고 운미韻味가 뛰어남은 말할 것도 없고, 매화의 자태와 기질을 완벽하게 표현하고 있다고 해도 과언이 아니다. 문일평文一平은 《화하만필花下漫筆》에서 임화정은 매화의 정수精髓를 체득한 이로서, 이 시는 실로 매화시가 생긴 이래 천고의 절조絶調라고 극찬하고 있다.[2]

---

2   임포林逋의 매처학자梅妻鶴子. 《꽃으로 보는 한국문화》 3, ㈜넥서스, 2004. 3. 10.

36

아곡我哭을 여곡汝哭할디,
여곡을 아곡허니

> 향단이는 춘향을 업고, 춘향 모친은 뒤를 따라 옥獄으로만 내려갈 제, 옥문 앞을 당도허니, 사정鎖丁이 거동 봐라. 춘향을 옥에다 넣고 옥쇠를 절컥 채워놓으니, 춘향 모친 기가 막혀 우루루루루루 달려들어 옥문을 부여잡더니,
> "아이고, 내 새끼야! 네가 이게 웬일이냐? 네 정절貞節은 장壯커니와, 육십당년六十當年 늙은 어미는 뉘게다 의지를 허드라는 말이냐? 아곡我哭을 여곡汝哭할디, 여곡을 아곡허니, 내 울음을 누가 울어? 아이고, 이 일을 어찌를 헐꺼나!"
> 복통단장성腹痛斷腸聲으로 울음 운다.
>
> <춘향 하옥>

'아곡我哭을 여곡汝哭할디, 여곡을 아곡허니'는 춘향모가 옥문을 부여잡고 이제는 우리 딸 죽는구나 하고 통곡을 하는 대목이다. 춘향이 옥에 갇혔으니, 곧 죽은 목숨이나 다름없으니 딸을 먼저 보내야 하는 애통함을 어찌 감당할 수 있을까? 아이고, 나를 위해 네가 울어 주어야 할 텐데, 너를 위해 내가 울음을 우니, 네가 죽고 나면 나를 위해서는 누가 울어 줄 것인가?

조선왕조 명종 시기의 시인 송순宋純이 그의 아들이 죽었을 때에 지은 <곡자문哭子文>의 한 부분인 '여곡아곡 아곡수곡汝哭我哭 我哭誰哭'을 차용한 대목이다. 자식은 가슴에 묻는다는 말이 있는데, 자식을 잃은 아버지의 마음을 이보다 더 극진하게 표현할 수 있을까?

자식 잃은 아버지의 지극한 슬픔을 절제 속에 사언시 특유의 장중한 리듬으로 노래한 송순의 <곡자문>은 다음과 같다.

〈곡자문哭子文〉[1] – 송순宋純[2]

汝哭我哭 (여곡아곡)	네 곡을 내가 하니
我哭誰哭 (아곡수곡)	내 곡은 누가 할꼬
汝葬我葬 (여장아장)	네 장사 내 치르니
我葬誰葬 (아장수장)	내 장사는 누가 하나
白首痛哭 (백수통곡)	흰 머리로 통곡하니
靑山欲暮 (청산욕모)	푸른 산도 저무는 듯

---

1 송순이 〈훈자訓子〉에서 "조실소시早失所恃(일찍 어머니를 잃었다)"라고 한 것으로 보아 두 아들은 늦은 나이에 태어난 것으로 보인다. 연보에 서장자庶長子 송해청宋海淸을 나이 마흔(壬辰 6월)에 얻었다는 기록이 보이는데, 아마도 처음 얻은 아들이라 서자임에도 부기附記한 것으로 생각된다. 그런데 안타깝게도 이 두 아들은 공의 나이가 여든 하나가 되던 해에 차례로 죽고 말았다.

2 송순宋純(1493-1582) : 조선시대 문신으로 자는 수초遂初 또는 성지誠之, 호 기촌企村, 면앙정俛仰亭, 시호 숙정肅定이다. 담양 출신이며 본관은 신평新平(현재 충청남도 당진)이다. 조선전기 한성부좌윤, 한성판윤, 의정부우참찬 등을 역임한 문신으로, 이조판서 송태宋泰의 아들이다.

37

어주축수魚舟逐水 홍도紅桃

> "네, 여봐라! 네가 그렇게 기생 점고를 하다가는 장장춘일長長春日이라도 못다 부를 테니 자주자주 불러 들여라."
> "예이."
> 그제는 호장戶長이 넉 자 화두話頭로 불러들이것다.
> "조운모우朝雲暮雨 양대선陽臺仙이, 우선유지雨鮮柳枝 춘흥春興이, 사군불견思君不見 반월半月이, 독좌유황獨坐幽篁에 금선琴仙이, 어주축수漁舟逐水 홍도紅桃가 왔느냐?"
> "예, 등대等待하였소."
> "팔월부용군자용八月芙蓉君子容 만당추수萬塘秋水 홍련紅蓮이 왔느냐?"
> "예 등대허였소."
>
> <기생 점고>[1]

호장이 사또에게 기생을 소개하는 장면에서 홍도라는 기생을 부르는 대목이다. 이름이 홍도이니 외로운 섬에 어울리는 고기잡이 배가 드나들고, 붉게 물들었다고 하니 복숭아꽃이 제격이다. 호장은 이름풀이로 '고기잡이 배가 물을 따라 흘러가니 붉은 복숭아꽃이 떠 있는' 홍도라고 호명한다.

'어주축수魚舟逐水'라는 시구가 등장하는 왕유王維의 〈도원행桃源行〉 시년십구時年十九[2]는 다음과 같다.

---

1 「20. 만당추수滿塘秋水 홍련이」에서 인용한 대목.
2 《당시삼백수唐詩三百首》〈칠고악부七古樂府〉 권2-78, 왕유王維의 〈도원행桃源行〉: "時年十九."

〈도원행桃源行〉 시년19時年十九 － 왕유王維

漁舟逐水愛山春	고깃배로 물 따라 산속 봄을 즐겨보니
兩岸桃花夾去津	양쪽 언덕 복숭아꽃 지나는 나루터를 끼고 있네
坐看紅樹不知遠	꽃과 나무 앉아 구경하느라 먼 줄도 모르고
行盡靑溪不見人	푸른 개울까지 걸어가도 사람은 보이지 않네
山口潛行始隈隩	산 입구로 몰래 걸어가니 처음엔 후미지고 으슥한데
山開曠望旋平陸	산이 열리고 전망이 좋은 평원이 펼쳐 있네
遙看一處攢雲樹	멀리 보이는 곳에 구름과 산이 모여 있고
近入千家散花竹	가까이 들어가니 집집이 꽃과 대나무가 흩어져 있네
樵客初傳漢姓名	나무꾼이 먼저 한나라 성명을 전하고
居人未改秦衣服	그곳 사는 사람들은 아직 진나라 시대 의복이네
居人共住武陵源	주민들은 무릉의 도화원에 함께 살며
還從物外起田園	세상에서 돌아와 전원을 일구었네
月明松下房櫳靜	달 밝은 소나무 아래 창문은 조용하고
日出雲中雞犬喧	해는 구름 속에서 뜨고, 닭과 개 짖는 소리 시끄럽네
驚聞俗客爭來集	세상 손님 찾아왔다는 소문 놀라 듣고서
競引還家問都邑	다투어 집으로 데려가 고향 마을 소식을 묻네
平明閭巷掃花開	날이 밝자 마을 골목길을 꽃을 쓸어 열고
薄暮漁樵乘水入	해질녘에 어부와 나무꾼은 배를 타고 들어오네
初因避地去人間	처음에는 난리를 피하여 인간세상 떠났으나
更聞成仙遂不還	다시 선경을 이루고는 마침내 돌아가지 않았네
峽裏誰知有人事	협곡 속에 인간의 삶이 있을 줄을 누가 알까
世中遙望空雲山	세상에서 아득히 보면 쓸쓸한 구름 덮인 산일 뿐
不疑靈境難聞見	신령한 경지를 찾아보기 어려움을 생각 못하는 바 아니지만

塵心未盡思鄉縣	속세의 마음 고향땅 그리움을 떨칠 수 없네
出洞無論隔山水	동굴을 나와서는 산과 물 건너는 것 가리지 않고
辭家終擬長游衍	집 떠나 끝내는 도화원에서 머물고자 하였네
自謂經過舊不迷	스스로 지나가 본 옛 길은 잃지 않으리라 생각했지만
安知峯壑今來變	봉우리와 골짜기가 지금은 변한 것을 어찌 알았으랴
當時只記入山深	그때는 산 속으로 깊이 든 것만 알았으나
青溪幾度到雲林	푸른 계곡물을 몇 번이나 건너 구름 낀 숲에 이르렀던가
春來徧是桃花水	봄이 되니 온통 복숭아꽃 떠 흐르는 물이라
不辨仙源何處尋	선경의 도화원을 어느 곳에서 찾을지 분간할 수도 없네

 왕유의 〈도원행〉은 도연명의 〈도화원기桃花源記〉를 근간으로 삼은 작품으로, 산문을 시의 형식으로 창작한 것이다. 왕안석王安石 또한 〈도원행桃源行〉이라는 제목으로 시를 지었다. 청대 왕사진王士禛은 '당송 이래 지어진 〈도원행〉 가운데 왕유의 시를 매우 훌륭한 작품으로 평가했고, 옹방강翁方綱 역시 왕유의 작품을 일러 '고금에 도원의 일을 노래한 시인 가운데 왕우승(왕유)이 절정'이라고 높이 평가했다.[3]

---

3 翁方綱曰 "古今咏桃源事者 至高承而造極"

38

연이신혼宴爾新婚

> 쑥대머리 귀신鬼神 형용形容 적막寂寞 옥방獄房 찬 자리에 생각난 것이 임뿐이라.
> "보고지고, 보고지고, 한양 낭군 보고지고. 오리정五里亭 정별情別 후로 일장수서一張手書를 내가 못 봤으니, 부모 봉양奉養 글공부에 겨를이 없어서 이러는가? **연이신혼**宴爾新婚 금슬우지琴瑟友之 나를 잊고 이러는가? 계궁桂宮 항아姮娥 추월秋月같이 번듯이 솟아서 비춰고저. 막왕막래莫往莫來 막혔으니 앵무서鸚鵡書를 내가 어이 보며, 전전반측輾轉反側 잠 못 이루니 호접몽胡蝶夢을 어이 꿀 수 있나? 손가락에 피를 내어 사정事情으로 편지하고, 간장肝腸의 썩은 눈물로 임의 화상畵像을 그려볼까? 이화일지춘대우梨花一枝春帶雨에 내 눈물을 뿌렸으면, 야우문령단장성夜雨閒鈴斷腸聲의 임도 나를 생각헐까?"
>
> <쑥대머리(옥중가)>

춘향이는 옥중에서 죽을지도 모르는 절박한 처지에 놓여 있는데, 한양으로 떠난 이몽룡은 옥에 갇힌 춘향이의 상황을 아는지 모르는지……. 마지막 이별한 이후로 소식 한 번 듣지도 못한 춘향이는 이몽룡이 야속하기만 하다. 눈에서는 하염없이 눈물만 흘러내린다.

'연이신혼宴爾新婚'은 《시경》 가운데 <패풍邶風·곡풍谷風>에 등장하는 시구이다. 이도령을 만나 행복했던 신혼과 같았던 아름다웠던 순간을 떠올리며 눈물 흘리는 대목에서, 꿈결과도 같은 신혼의 모습을 표현하고 있다.

부부의 도를 노래한 《시경》의 <패풍·곡풍>은 모두 7장으로 구성되어 있다.

《시경詩經》 〈패풍邶風 · 곡풍谷風〉

習習谷風 (습습곡풍)	거세게 골바람 불더니
以陰以雨 (이음이우)	날 흐려지고 비가 내리네
黽勉同心 (민면동심)	힘써 마음 모아 살아온 사이
不宜有怒 (불의유노)	성내고 노여워해서는 아니 되지요
采葑采菲 (채봉채비)	순무나 무우를 뽑을 때에는
無以下體 (무이하체)	밑 부분만으로 판단하지 마세요
德音莫違 (덕음막위)	사랑은 변하지 아니할진대
及爾同死 (급이동사)	그대와 죽음마저 함께 할래요

行道遲遲 (행도지지)	길을 가려해도 발길이 떨어지지 않고
中心有違 (중심유위)	마음 속 깊은 한이 있어서라오
不遠伊邇 (불원이이)	그렇게 멀리도 아니고
薄送我畿 (박송아기)	집안에서 나를 박대하며 보냈었지요
誰謂荼苦 (수위도고)	씀바귀를 누가 쓰다고 했나요
其甘如薺 (기감여제)	내게는 냉이처럼 달지요
宴爾新昏 (연이신혼)	그대는 신혼 재미에 취하여
如兄如弟 (여형여제)	형처럼 아우처럼 좋았겠지요

涇以渭濁 (경이위탁)	경수로써 위수를 흐려도
湜湜其沚 (식식기지)	그 웅덩이 맑기만 한데
宴爾新昏 (연이신혼)	그대는 신혼 재미에 취하여
不我屑以 (불아설이)	나를 거들떠보지도 않네요
毋逝我梁 (무서아량)	나의 어살에 가지 말고

無發我笱	나의 통발을 들어내지 마오
我躬不閱	내 몸도 받아주지 않는데
遑恤我後	나의 뒷일을 걱정해주리오

就其深矣	깊은 물에 이르러선
方之舟之	뗏목 타고 배도 타고
就其淺矣	얕은 곳에 이르러선
泳之游之	자맥질하고 헤엄쳐 갔지요
何有何亡	있거나 없거나
黽勉求之	힘써 구했지요
凡民有喪	사람들에게 궂은 일 있으면
匍匐救之	힘을 다해 도왔지요

不我能慉	나를 위해주지 않고
反以我爲讎	도리어 나를 원수로 생각했지요
旣阻我德	저의 정성을 물리치시니
賈用不售	장사꾼의 물건 팔리지 않네
昔育恐育鞠	옛날 길러줄 때에 생활이 곤궁할까 두려워
及爾顚覆	그대와 함께 온 힘을 다했는데
旣生旣育	이미 살게 되고 이미 생육하게 되자
比予于毒	나를 해독에 비유한다 말인가?

我有旨蓄	내가 맛있는 채소를 저장해 둠은
亦以御冬	또한 겨울을 대비하기 위해서이네
宴以新昏	그대 신혼을 즐김이요

이 아 어 궁	
以我御窮	나를 궁할 때에 이용했구려
유 광 유 궤	
有洸有潰	성을 내고 노기를 띠어
기 이 아 이	
旣詒我肄	나에게 수고로움을 주니
불 념 석 자	
不念昔者	그 옛날에
이 여 래 기	
伊余來墍	내가 와서 쉬던 때를 생각하지도 않네

39

연축비화락무연燕蹴飛花落舞筵

> 그대로 올라가면 월궁항아月宮姮娥 만나볼 듯, 그대로 내려오면 요지왕모瑤池王母를 만나볼 듯. 입은 것은 비단이나 찬 노리개 알 수 없고, 오고간 그 자취 사람은 사람이나 분명한 선녀라. 봉鳳을 타고 올라가 진루秦樓의 농옥弄玉인가. 구름 타고 내려와 양대陽臺의 무산 선녀巫山仙女. 어찌 보면 훨씬 멀고, 어찌 보면 곧 가까워. 들어갔다 나오는 양은 **연축비화락무연**燕蹴飛花落舞筵. 도련님 심사心事가 산란散亂허여.
>
> 김세종 바디 <춘향 추천鞦韆>

'연축비화락무연燕蹴飛花落舞筵'은 바로 '제비가 꽃을 차니 그 꽃이 춤추는 자리에 떨어진다'는 의미이다. 춘향이의 그네 뛰는 모습을 제비와 꽃으로 형상화함으로써 한층 더 실감나게 표현하고 있다.

'연취비화락무연'의 시구가 등장하는 두보杜甫의 〈성서피범주城西陂泛舟〉를 감상해 보기로 한다.

〈성서피범주城西陂泛舟〉 – 두보杜甫

청아호치재누선 青蛾皓齒在樓船	푸른 눈썹 흰 치아의 미인들이 이층배에 타고
횡적단소비원천 橫笛短簫悲遠天	울리는 풍악소리 먼 하늘까지 구슬프네
춘풍자신아장동 春風自信牙檣動	봄바람에 돛대를 맡기고
지일서간금람견 遲日徐看錦纜牽	긴 봄날 배는 천천히 바단 닻줄 끌고 가네

어취세랑요가선 魚吹細浪搖歌扇	물고기 가는 물결 불어 노래하는 부채 흔들고
연축비화락무연 燕蹴飛花落舞筵	제비는 나는 꽃을 박차 춤추는 돗자리에 흩어지누나
불유소주능탕장 不有小舟能蕩槳	조그만 배로 능히 노를 흔들지 아니하면
백호나송주여천 百壺那送酒如泉	백호에 담긴 샘같은 술을 어찌 보내리오[1]

  두보가 벼슬살이하기 전에 지은 시로, 흥겨운 뱃놀이를 노래한 작품이다. 기생인지도 모를 아름다운 여인들과 악공들이 함께 가무를 곁들여 즐기는 풍류가 돋보인다. 조각배는 봄바람에 돛을 맡겨 비단 닻줄이 천천히 끌려가는 게 보이는데, 가객歌客은 붕어 입 오물거리듯 노래하고, 무희들은 옷소매를 펄럭이며 춤을 추니, 바로 제비가 떨어뜨린 꽃잎과도 같다. 종들은 조그만 배로 술과 안주를 실어 나르니 주천酒泉이 따로 없구나. 지은이가 직접 놀이에 참가했는지, 고관과 부호들이 펼치는 선유船遊를 멀리서 바라보며 그린 것인지는 분명하지 않지만 호쾌한 뱃놀이 광경을 사실적으로 묘사하고 있다.[2]

  두보는 〈음중팔선가飮中八仙歌〉를 통해 장안을 무대로 명성을 구가하며 음주하는 하지장賀知章과 이백 등 음중팔선飮中八仙에 대한 한없는 부러움을 드러냈다. 그는 황제의 부름에도 응하지 않고 저잣거리에서 술에 취해 잠든 모습으로 그려냄으로써, 이백을 시선詩仙이자 주선酒仙의 이미지로 형상화했다.[3] 음주의 명인이자, 음주시로 이름 높은 이백에 못지않게 두보 역시 술을 좋아했다. 하지만 젊은 시절에는 어려운 경제

---

1 진갑곤陳甲坤, 《두율상해杜律詳解》, 푸른사상, 2004.
2 〈성서피범주城西陂泛舟〉: 성서 언덕 아래에 배를 띄우다. 《한시작가작품사전》, 국학자료원, 2007.11.15.
3 두보의 〈음중팔선가飮中八仙歌〉: "李白一斗詩百篇, 長安市上酒家眠 天子呼來不上船, 自稱臣是酒中仙."

여건으로 인해 마실 기회가 없었고, 노년에 엄무嚴武의 도움으로 성도成都에서 가족과 함께 잠시 안정된 생활을 영위했지만, 건강으로 인해 술을 끊을 수밖에 없었다. 성실한 삶의 궤적 속에 두보와 술은 현실에서도 인연이 없는 운명이었다고 생각된다.

40

엄루사단봉掩涙辭丹鳳

> 하량낙일수운기河梁落日愁雲起는 소통국蘇通國의 모자母子 이별離別, 정객관산로기중征客關山路幾重에 오희월녀吳姬越女의 부부夫婦 이별, 초가사면만영월楚歌四面滿盈月의 초패왕楚覇王 우미인虞美人 이별, **엄루사단봉**掩涙辭丹鳳에 왕소군王昭君의 한궁漢宮 이별, 서출양관무고인西出陽關無故人은 위성조우渭城朝雨 붕우朋友 이별
>
> 김세종 바디 <이별가>

'엄루사단봉掩涙辭丹鳳'은 '한나라의 궁궐을 떠나려니 눈물이 앞을 가린다'라는 의미이다. 무측천武則天(628-705) 시대에 좌사佐史를 지낸 당나라 시인 동방규東方虬의 <소군원昭君怨> 3수에서 차용한 시구이다.

<소군원>은 동방규가 중국 4대 미녀 가운데 한 사람인 왕소군의 일화를 소재로 지은 작품이다. 우리가 흔히 봄마다 입에 담게 되는 '춘래불사춘春來不似春'이라는 구절 또한 이 작품에서 유래한다.

동방규의 <소군원> 삼수는 다음과 같다.

<소군원昭君怨> 삼수三首 — 동방규東方虬

漢都方全盛   한나라 법도가 융성한 때인지라
朝廷足武臣   조정에는 무신들도 넉넉하다네
何須薄命妾   하필 기구한 운명의 소군을 내세워

| 신고사화친
辛苦事和親 | 고초 속에 화친을 삼아야 하는가 |

엄루사단봉 掩淚辭丹鳳	눈물을 감추고 한궁을 하직하고
함비향백룡 含悲向白龍	슬픔을 머금고 백룡퇴白龍堆(흉노의 땅)로 향한다네
선우랑경희 單于浪驚喜	선우는 놀라도록 기쁨을 감추지 않으니
무부구시용 無復舊時容	다시는 소군의 옛 얼굴은 볼 수 없으리

호지무화초 胡地無花草	오랑캐 땅에는 꽃도 풀도 없으니
춘래불사춘 春來不似春	봄이 와도 봄 같지 않구나
자연의대완 自然衣帶緩	자연히 허리띠는 느슨해지는데
비시위요신 非是爲腰身	몸매를 위해서가 아니라네

과거부터 지금까지 명성을 이어가고 있는 중국의 4대 미녀는 바로 '서시西施'와 '왕소군王昭君', '초선貂蟬', '양귀비楊貴妃'를 말한다. 중국에서는 나라를 기울게 하는 미인을 경국지색傾國之色이라고 일컫는다. 중국의 4대 미녀는 자신들의 일화에 따라 다음과 같은 별칭으로도 유명하다. 서시는 침어沈漁, 왕소군은 낙안落雁, 초선은 폐월閉月, 양귀비는 수화羞花라고 일어진다.[1] 여기서 잠시 중국의 사대 미인을 소개해 보기로 한다.

춘추시대 말기 오나라 대표 미녀인 서시는 첫 번째 주인공이다. 서시는 일명 '빨래하던 여인이 오나라를 멸망에 이르게 한' 일화로 유명하다. 서쪽 마을에 살고 있던 서시는 빨래하는 직업인 완사浣紗였다. 당시

---

[1] 서시는 물고기마저 가라앉게 만든다 하여 침어沈漁, 왕소군은 날아가는 기러기마저 미모에 반하여 날갯짓을 잊고 추락한다는 낙안落雁, 초선은 달마저도 초선의 미모에 부끄러워 구름 속으로 숨어버린다는 폐월閉月, 양귀비는 꽃마저도 양귀비의 미모에 수줍어 꽃잎을 접게 된다는 수화羞花라고 일컬어진다.

월왕越王 구천勾踐은 오왕吳王 부차夫差에게 패배를 한 뒤 와신상담臥薪嘗膽하며 복수에 혈안이 되어 있었다. 이때 범려范蠡와 문종文種 등 신하들이 미인계를 권유하여 미인을 선발했다. 문종은 서시를 발견하여 궁으로 들였고, 춤과 노래를 가르쳐 오왕 부차에서 보냈다. 부차는 서시의 미모와 매력에 푹 빠졌고 나라 정치에 소홀해져만 갔다. 부차는 충신이었던 오자서伍子胥의 충고를 무시했고, 결국 오자서는 자결을 한다. 이후 오왕은 정치를 제대로 하지 못했고, 월왕 구천에게 패배하여 멸망하고 만다. 서시는 물고기마저 서시의 미모에 넋을 잃고 가라앉게 된다고 하여 침어沈漁라고 일컬어진다.

'기러기도 떨어뜨리는 미녀' 낙안落雁 왕소군. 중국의 4대 미녀 가운데 두 번째 주인공은 왕소군이다. 왕소군은 한나라 원제元帝 시대의 궁녀로서 굉장한 용모와 뛰어난 재주를 가진 인물이다. 당시 원제는 화공을 불러 궁녀들의 초상화를 그리게 하여 간택했는데, 다른 궁녀들은 화공에게 뇌물을 주고 자신을 예쁘게 그려달라고 요청했다. 하지만 왕소군은 뇌물을 주지 않았고 결국 오랜 시간 동안 원제의 선택을 받지 못했다. 이후 흉노匈奴에서 한나라와 화친을 청했고, 한나라에서는 흉노의 왕 선우單于에게 시집보낼 궁녀를 물색하였다. 원제는 초상화를 보고 제일 못난 궁녀를 골랐는데, 왕소군이 선택되었다. 화공 모연수毛延壽에게 뇌물을 주지 않은 탓에 왕소군은 못난 모습으로 그려졌고, 원제는 그림만을 보고 왕소군을 선택하게 된 것이다. 흉노로 시집을 가던 날 원제는 왕소군의 실물을 처음 보았고, 그림과는 다른 미모를 가진 왕소군을 흉노로 보내는 것마저 주저하게 된다. 결국 약속 때문에 왕소군을 보내지 않을 수 없었고, 원제는 화공 모연수를 극형에 처했다는 일화가 전해진다.

다음은 《삼국지三國志》 속 절세미인絶世美人 초선. 달마저도 초선의 미모에 부끄러워 구름 속으로 자취를 감추고 만다고 하여 폐월閉月이라고 일컬어진다. 역사서에서는 초선이라는 인물의 기록을 찾아 볼 수 없으며, 중국의 4대 미녀 가운데 유일한 가상인물假想人物이다. 《삼국지三國志·여포전呂布傳》에 등장하며 《삼국지연의三國志演義》에서는 사도司徒 왕윤王允의 수양딸로 등장한다. 당시 초선은 16세였으며, 자신을 길러 준 양윤과 국가에 기여하고자 동탁董卓과 여포를 이간질하는 계략에 동참한다. 결국 여포는 자신의 양아버지였던 동탁을 죽이고 초선을 첩으로 삼았다.

　마지막으로 꽃들도 부끄러워하는 미모의 소유자 양귀비! 현종玄宗과의 사랑이야기로 유명한 인물이다. 양귀비는 당나라 현종의 비妃로써, 가인박명佳人薄命의 대명사로 불리기도 하는 중국을 대표하는 미녀이다. 현종은 양귀비를 사랑하여 귀비로 책봉한다. 하지만 그녀는 안사安史의 난이 일어났을 때 양씨 가문에 대해 불만이 많았던 호위 군사들에 의해 살해되고 만다. 짧은 인생을 살다가 떠났지만 양귀비는 명실상부하게 중국 사대 미인을 대표한다. 양귀비는 궁에 들어간 이후 고향을 그리워하여 꽃을 보며 눈물을 흘리는 날이 많았고, 신세를 한탄하며 손으로 꽃을 만지니, 갑자기 꽃이 부끄러워하며 잎을 말아 올렸다는 일화를 통해 수화羞花라는 별칭을 얻게 된 것이다.[2]

2　〈중국의 4대 미녀〉 https://blog.naver.com/haion_yell. 참조.

41

여관旅館 한등寒燈 잠 못 들 제

> "이왕已往에 가실 테면 술이나 한 잔 잡수시오. 술 한 잔을 부어 들고 권군갱진일배주勸君更進一杯酒허니, 명조상리로막막明朝相離路漠漠을. 여관旅館 한등寒燈 잠 못 들 제 권할 사람 뉘 있으며, 위로할 이가 뉘 있으리?"
>
> 김세종 바디 <이별가>

'여관旅館 한등寒燈'은 길 떠나는 나그네가 '여관의 싸늘한 등불 밑에서 홀로 잠을 이루지 못할 때에' 술 한 잔 권할 이 누가 있겠느냐며 이왕 떠나시는 내 님, 술이나 거나하게 한 잔 하고 떠나라고 술을 권하는 춘향이와 이도령의 이별의 대화에 등장한다.

'여관 한등'은 당나라 고적高適의 <제야작除夜作>의 시구로서, 그 작품은 다음과 같다.

<제야작除夜作> —고적高適[1]

旅館寒燈獨不眠 (여관한등독불면)   여관 등불은 차가운데 홀로 잠 못 이루고

---

[1] 고적高適(707-765) : 당나라 시인. 젊은 시절 방랑하며 이백과 두보 등과 사귀었다. 시의 분위기가 호쾌하면서도 침통하다. 변경에서의 외로움과 전쟁, 이별의 비참함을 읊는 변새시邊塞詩가 유명하다. 잠참岑參과 함께 일컬어지며, 시집 《고상시집高常詩集》과 《중간흥기집中間興氣集》이 전한다.

客心何事轉凄然	나그네 심정 무슨 일로 이리도 처연한고
故鄉今夜思千里	오늘 밤 천릿길 고향 생각에 잠겨
霜髮明朝又一年	내일 아침이면 또 일 년 백발이 더해지리라

또한, 동국문종東國文宗으로 일컬어지는 고운孤雲 최치원崔致遠의 작품 가운데 오언절구의 명작으로 널리 알려진 〈추야우중秋夜雨中〉에도 '여관 한등'의 이미지가 부각되어 있다. 당에 유학하면서 온갖 어려움을 극복하며 최선을 다하던 최치원, 잠 못 이루고 고향생각에 잠긴 최치원의 모습을 여실하게 그려낸 〈추야우중〉은 다음과 같다.

〈추야우중秋夜雨中〉 − 최치원崔致遠 [2]

秋風唯苦吟	가을바람에 괴로이 읊조려도
世路少知音	세상에는 알아주는 이 없네
窓外三更雨	깊은 밤 창밖에는 비내리고
燈前萬里心	등불 앞에서 마음은 만 리 밖을 달리네

---

2   최치원崔致遠(857-미상) : 본관은 경주慶州. 자는 고운孤雲 또는 해운海雲. 경주 사량부沙梁部(또는 本彼部)출신. 견일肩逸의 아들이다. 당나라에 유학한 지 7년만인 874년에 18세의 나이로 예부시랑禮部侍郎 배찬裵瓉이 주관한 빈공과賓貢科에 합격하였다. 그리고 2년간 낙양洛陽을 유랑하면서 시작詩作에 몰두하였다. 그 때 지은 작품이 〈금체시今體詩〉 5수 1권, 〈오언칠언금체시五言七言今體詩〉 100수 1권, 〈잡시부雜詩賦〉 30수 1권 등이다. 〈격황소서檄黃巢書〉, 일명 〈토황소격문討黃巢檄文〉은 명문으로 이름이 높다. 885년 귀국할 때까지 17년 동안 당나라에 머물러 있는 동안 고운顧雲·나은羅隱 등 당나라의 여러 문인들과 교류했다. 통일신라 말기 《계원필경桂苑筆耕》, 《법장화상전法藏和尙傳》, 《사산비명四山碑銘》 등을 저술한 학자, 문장가.

42

옥동도화만수춘 玉洞桃花萬樹春

> 방자가 손을 들어 춘향 집을 가리키는데,
> "저 건너, 저 건너 춘향 집 보이난디, 양양洋洋은 상풍常風이요, 점점 찾어 들어가니 기화요초琪花瑤草는 선경仙境을 가리키고, 나무 나무 앉은 새는 호사豪奢를 자랑헌다. **옥동도화만수춘**玉洞桃花萬樹春은 유랑劉郎의 심은 것과 현도관玄都觀이 분명허고, 형형색색形形色色 화초들은 이향異香이 대로우大路迂허고, 문 앞의 세류지細柳枝는 유사무사양류사有絲無絲楊柳絲요, 들쭉, 측백, 전나무는 휘휘칭칭 얼크러져서 단장短墻 밖에 솟아 있고, 수삼층數三層 화계상花階上에 모란牡丹, 작약芍藥, 영산홍映山紅이 첩첩이 쌓였난디, 송정松亭 죽림竹林 두 사이로 은근히 보이난 것이, 저게 춘향의 집이로소이다."
>
> <춘향집 경치>

'옥동도화만수춘玉洞桃花萬樹春'은 '신선이 사는 옥동의 복사꽃과 온갖 나무에는 봄빛이 가득하다'라는 의미이다. 《허혼시전집許渾詩全集》에 수록되어 있는 <증왕산인贈王山人>에 등장하는 시구이다.

춘향 집의 면모와 분위기를 한시의 시구詩句를 원용하여 형상화하고 있는데, 허혼의 <증왕산인>은 다음과 같다.

<증왕산인贈王山人> — 허혼許渾

貰酒攜琴訪我頻　　외상 술, 거문고 둘러메고 자주 나를 방문하니
始知城市有閑人　　비로소 성내에 한적한 이 있음을 알았네

君臣藥在寧憂病	군약 신약이 있어 근심걱정 편안하고
子母錢成豈患貧	아들 엄마 돈 버니 어찌 가난을 걱정하리오
年長每勞推甲子	나이 많아 매번 수고롭게 세월(육십갑자)을 밀어내니
夜寒初共守庚申	차가운 밤 함께하며 경신년을 지켜내네
近來聞說燒丹處	근래 붉게 물든 곳 있다더니
玉洞桃花萬樹春	신선 사는 옥동의 복사꽃 온갖 나무에 봄빛이 가득하네

'옥동도화만수춘玉洞桃花萬樹春'은 입춘방立春榜[1]으로 자주 사용하는 대표적인 시구이기도 하다. 우리에게도 널리 사용되는 입춘방은 입춘대길立春大吉 건양다경建陽多慶이다. 참고 삼아 대표적인 입춘방의 예를 들어 보면 다음과 같다.

단구短句로는 '춘도문전증부귀春到門前增富貴', '춘광선도고인가春光先到古人家', '입춘대길立春大吉', '소지황금출掃地黃金出', '개문만복래開門萬福來' 등이 있으며, 대구對句로는 '입춘대길立春大吉 건양다경建陽多慶', '요지일월堯之日月 순지건곤舜之乾坤', '수여산壽如山 부여해富如海', '부모천년수父母千年壽 자손만대영子孫萬代榮' 등이 있다.

---

[1] 입춘방立春榜은 입춘날 입춘시가 들 때, 대문, 중문, 곳간문, 방문이나 대들보에 써 붙이는 글귀를 말한다.

43

옥창형영 玉窓螢影

> "오늘부터 몸단장 곱게 허고 수청守廳들도록 하여라."
> "여보, 사또님, 듣조시오. 춘향의 먹은 마음 사또님과 다르외다. 올라가신 도련님이 무신無信하여 안 찾으면, 반첩여班婕妤의 본을 받어 **옥창형영**玉窓螢影 지키다가, 이 몸이 죽사오면, 황릉묘黃陵廟를 찾어가서 이비二妃 혼령魂靈 모시옵고, 반죽지斑竹枝의 저문 날에 놀아볼까 하옵난디, 재초수절再醮守節허란 분부分付 소녀에게는 당치 않소."
>
> <춘향의 수청 거절>

춘향이는 변 사또의 수청을 거부하며 정절을 지키겠다고 말하면서 '옥창형영'의 고사를 말한다. '옥창형영'은 '옥창 앞에 비치는 반딧불'이라는 의미로서, 여기서 반딧불은 임금의 은총을 의미한다. 즉 '옥창형영을 지킨다'라는 말은 절개를 지킨다는 강한 의지의 표현이다.

'옥창형영'은 당대 왕유王維의 3수로 구성된 <반첩여班婕妤>에 등장하는 시구로서, 그 작품은 다음과 같다.

<반첩여班婕妤> ― 왕유王維

玉窓螢影度   옥 창문에 반딧불이 그림자 지나가고
金殿人聲絶   황금궁전엔 사람소리 끊겼네
秋夜守羅帷   가을밤 비단 휘장 지키고 있노라니

고 등 경 불 멸 孤燈耿不滅	외로운 등불만 환히 비추며 꺼질 줄 모르네
궁 전 생 추 초 宮殿生秋草	궁전에는 가을풀 무성하게 자라고
군 왕 은 행 소 君王恩幸疎	임금의 사랑은 멀어져만 가네
나 감 문 봉 취 那堪聞鳳吹	어찌 견디나 들려오는 피리소리
문 외 도 금 여 門外度金輿	문 밖으로 금수레 지나가네
괴 래 장 각 폐 怪來粧閣閉	이상도 하지 누각은 닫혀 있고
조 하 불 상 영 朝下不相迎	조회 마치고도 마중 나오는 이마저 없네
총 향 춘 원 리 總向春園裏	모두들 봄동산으로 향하고
화 간 소 어 성 花間笑語聲	꽃 속에서 웃고 말하는 소리뿐

왕유는 〈반첩여〉를 통해 반첩여의 외로운 마음을 자연물에 빌어 표현하고 있다. 〈춘향전〉에서는 〈반첩여〉를 원용하여, 춘향을 정절을 지킨 반첩여에 비유함으로써, 정절을 지키겠다는 춘향이의 강렬한 마음을 변사또에게 전하려는 목적을 지니고 있다.

반첩여는 전한前漢시대 성제成帝의 후궁이며, '첩여婕妤'는 여관女官 즉 여성 관직의 명칭이다. 어려서부터 재주와 글에 뛰어나 성제의 후궁으로 들어가 총애를 받았으나, 성제가 조비연趙飛燕을 사랑하게 되면서 임금으로부터 소외되었다. 하지만 성제가 죽은 뒤에도 성제의 묘역인 원릉園陵을 지킨[1] 반첩여는 바로 정절을 상징하는 대표적인 인물이 되었다.

〈반첩여〉 가운데 '옥창형영'을 인용하고 있지만, 오히려 역설적으로

---

[1] 〈반첩여班婕妤〉, 《한시작가작품사전》, 국학자료원, 2007.11.15.

미색을 겸비한 얼굴, 예쁘고 말 잘하는 춘향이의 솜씨에 변사또의 수청 요구는 더욱 더 적극적이 될 수밖에 없었다고 해도 과언이 아니다.

44

용산龍山의 형제兄弟 이별離別

> "하량낙일수운기河梁落日愁雲起.는 소통국蘇通國의 모자母子 이별離別, 용산龍山의 형제 이별, 서출양관무고인西出陽關無故人이라 위성조우渭城朝雨 붕우朋友 이별, 이런 이별 있건마는, 너와 나와 당헌 이별 상봉헐 날이 있을 테니, 설워 말고 잘 있거라."
>
> 정응민 바디 성우향 <이별가>

'용산龍山' 하면 일반적으로 먼저 이백의 시 <구일용산음九日龍山吟>을 연상하게 된다. 하지만 이백의 작품에서는 형제에 관한 내용을 살펴볼 수가 없고, 용산에서 술과 국화와 달과 함께하는 이백의 모습만을 발견할 수 있을 뿐이다.

귀양을 떠난 이백이 술에 취해 잠에 빠져들고 모든 근심을 잊고 달과 함께 춤에 빠져든다. 술에서 깨어난 시인은 모든 번뇌煩惱를 하늘로 날려 보내고자 한다. 먼저, 술은 있으나 형제에 대한 이별은 찾아 볼 수 없는 이백의 <구일용산음>을 살펴보기로 한다.

<구일용산음九日龍山吟> － 이백李白

九日龍山飮   9일 용산에서 술을 마시니
黃花笑逐臣   만개한 국화꽃 쫓겨난 신하를 비웃고

| 醉看風落帽 | 취하여 바라보니 바람에 모자가 떨어지고 |
| 舞愛月留人 | 춤을 추니 달 또한 나를 붙잡는구나 |

형제와의 이별을 소재로 한 가장 유명한 작품은 바로 왕유王維의 〈구월구일억산동형제九月九日[1]憶山東兄弟〉를 꼽을 수 있다. 이 작품 가운데 "편삽수유소일인偏揷茱萸少一人"이라고 표현한 마지막 구절을 통해서도 파악할 수 있는 바와 같이, 중양절重陽節을 즐기다가 문득 이별한 형제의 부재를 깨닫게 되는 내용이다.

〈구월구일억산동형제九月九日憶山東兄弟〉[2] – 왕유王維

獨在異鄕爲異客	홀로 타향의 외로운 나그네 되어
每逢佳節倍思親	명절 맞이할 때마다 부모님 생각 간절하네
遙知兄弟登高處	아스라이 우리 형제들 높은 곳에 올라
偏揷茱萸少一人	머리에 산수유 열매 돌려 꽂다보니 한 사람이 모자라겠지

왕유가 장안에 머물던 17세의 음력 9월 9일 중양절에 지은 것으로 알려진 작품이다. 중양 명절을 객지에서 맞이하니 부모님과 동기들 생각이 간절하다. 고향에 있는 친척들은 중양절인 오늘에도 예년과 같이 높은 산에 올라 수유 나뭇가지를 서로 돌아가며 꽂아주다가, 문득 형제

---

1 구월구일九月九日 : 중양절重陽節. 중구重九. 9는 양수陽數 기수奇數의 최대 숫자로서, 그 숫자가 이중으로 겹쳤기에 중양절 또는 중구라 부르며 명절이 되었고, 중국에서는 이 날에 언덕에 올라 수유茱萸의 가지를 머리에 꽂고 국화주菊花酒를 마시는 풍습이 있음.
2 〈구월구일억산동형제九月九日憶山東兄弟〉: 중구날(중양절)에 산동의 형제를 생각하다. 《한시작가작품사전》, 국학자료원, 2007.11.15.

한 사람 곧 내가 없음을 깨닫게 되리라. 멀리 떨어져 있으면서도 불을 보듯 분명하게 그려지는 정경 그대로를 노래하고 있다. 마지막 구절 가운데 '소일인少一人'이라는 시적 함축을 통해, 형제간의 우애와 함께 동기同氣를 그리워하는 정감을 담뿍 담아내고 있다.

45

운담풍경근오천雲淡風輕近午天

> 이렇듯 부르고 하더니마는, 해가 슬풋이 넘어지니 자진농부가로 넘어가던 것이었다.
> "두둥둥퉁퉁 꽤갱매 꽤. 어럴럴 상사뒤. 어여 여루 상사뒤여. 얼럴럴 상사뒤."
> "여보소, 농부들, 말 듣소. 어화, 농부들, 말 들어. 운담풍경근오천雲淡風輕近午天에 방화수류訪花隨柳허여 전천前川으로 내려간다."
> "어화여루 상사뒤여. 어럴럴럴 상사뒤."
> <농부가>

'운담풍경근오천에 방화수류허여 전천'은 농부들이 농사를 지으면서 부르는 노래이다. 송나라의 유학자 정호程顥의 <춘일우성春日偶成> 가운데 앞부분 2구절을 원용하고 있다.

'운담풍경근오천雲淡風輕近午天'은 '구름이 맑고 바람이 살랑살랑 부는 화창한 봄날, 한낮이 거의 다 됐을 무렵'이라는 의미이다. 연이어 나오는 '방화수류訪花隨柳허여 전천前川'은 <춘일우성>의 두 번째 구절인 '방화수류과전천訪花隨柳過前川' 가운데 술어인 '과過'를 생략하고 '방화수류'와 '전천'을 인용한 것으로서, '꽃 스쳐 버들 따라 내를 건너간다'는 의미이다. 정호의 <춘일우성>은 다음과 같다.

<춘일우성春日偶成> – 정호程顥

雲淡風輕近午天 (운담풍경근오천)   구름 맑고 바람 가벼운 한낮에

_{방 화 수 류 과 전 천}
訪花隨柳過前川　꽃 찾아 버들 따라 앞 냇물을 건너네
_{시 인 불 식 여 심 낙}
時人不識余心樂　시절이 내 즐거움 알지 못하고
_{장 위 투 한 학 소 년}
將謂偸閒學少年　어린아이마냥 한가하다 흘깃거리네

이는 명도선생明道先生이 자신의 한가한 시간에 다가올 맑은 날의 즐거움을 읊은 시로서, 세상사 근심 없이 여유롭게 봄을 즐기는 도학자道學者의 심정이 잘 드러나 있다. 대자연 속에서 자연과 더불어 삶을 꾸리는 농부들에게 도학자가 읊은 봄날의 흥얼거림은 하나의 장단이 되어 어깨춤을 추게 만든다.

정호의 작품 가운데 앞에서 살펴 본 〈춘일우성〉이 봄을 노래한 작품이라면, 〈추일우성秋日偶成〉은 가을을 노래한 작품이다. 가을날에 만물의 이치를 깨달은 즐거움을 노래하고 있다.

〈추일우성秋日偶成〉　- 정호程顥[1]

_{한 래 무 사 부 종 용}
閒來無事復從容　한가로이 하는 일 없고 다시 조용하니
_{수 각 동 창 일 이 홍}
睡覺東窓日已紅　잠에서 깨면 동창의 해 이미 붉네
_{만 물 정 관 개 자 득}
萬物靜觀皆自得　만물을 조용히 바라보면 모두 스스로 깨우치고
_{사 시 가 흥 여 인 동}
四時佳興與人同　사시의 아름다운 흥취는 남들과 더불어 한가지이다
_{도 통 천 지 유 형 외}
道通天地有形外　도는 천지의 형체 가진 것 밖으로 통하고
_{사 입 풍 운 변 태 중}
思入風雲變態中　사색은 바람과 구름이 변하는 가운데로 들어감이라

1　정호程顥(1032-1085)는 북송北宋 중기 유학자로 자는 백순伯淳, 호는 명도明道, 시호는 순純. 하남성河南省 낙양洛陽 출생. 존칭으로 명도선생이라 일컬어지며, 동생 정이(程頤:伊川)와 함께 이정자二程子로 알려졌다. 중국 송나라 도학의 대표적인 학자로서 성리학과 양명학陽明學 원류의 한 사람이다.

| 부 귀 불 음 빈 천 락
富貴不淫貧賤樂　　부귀에 빠지지 않고 빈천을 즐기나니
| 남 아 도 차 시 호 웅
男兒到此是豪雄　　남아가 이에 이르면 바로 영웅호걸이라

46

은린옥척 銀鱗玉尺

> "도련님 분부 그러하옵시니 낱낱이 여쭈리다. 동문 밖 나가면 금수청풍錦水淸風에 백구白鷗는 유랑流浪이요, 녹림간綠林間의 꾀꼬리 환우성喚友聲 지어 울어 춘몽春夢을 깨우난 듯, 벽파상碧波上 떼오리는 완완緩緩히 침몰沈沒하야 은린옥척銀鱗玉尺을 입에 물고 오락가락 노는 거동擧動 평사낙안平沙落雁이 분명허고, 선원사禪院寺 쇠북소리 풍편風便에 탕탕 울려 객선客船에 떨어져 한산사寒山寺도 지척咫尺인듯, 석춘惜春하는 연소年少들은 혹선혹후惑先惑後 어깨를 끼고 오락가락 노는 거동, 도련님이 보셨으면 외유外遊할 마음이 날 것이요, 남문 밖을 나가오면 광한루廣寒樓 오작교烏鵲橋 영주각瀛洲閣이 있사온디, 삼남三南의 제일승지第一勝地니 처분處分하여서 가옵소서."
>
> <남원 승지 찾아>

'은린옥척銀鱗玉尺'은 비늘이 은빛처럼 반짝이고 모양이 좋은 큰 물고기를 미화한 표현이다. 조선 헌종 때 정학유가 지은 <농가월령가農家月令歌> 가운데 4월령 즉, 냇물에서 고기를 잡으며 즐기는 놀이인 천렵川獵을 노래하는 가운데 등장한다.

'은린옥척'이 나오는 <농가월령가> 4월령은 다음과 같다.

<농가월령가農家月令歌> 4월령四月令

앞내에 물이 주니 천렵을 하여보세, 해 길고 잔풍殘風하니 오늘 놀이 잘 되겠다. 벽계수碧溪水 백사장白沙場을 굽이굽이 찾아가니, 수단화水丹花 늦은 꽃은 봄빛이 남았구나. 촉고數罟를 둘러치고 은린옥척銀鱗玉尺 후려내어, 반석磐石

에 노구 걸고 솟구쳐 끓여내니, 팔진미八珍味 오후청五候鯖을 이 맛과 바꿀쏘냐.[1]

농촌 생활을 노래하고 서민들의 삶을 구체적인 어휘로 묘사하는 <농가월령가>는, 농가의 행사와 예의범절을 통하여 당시의 풍속風俗과 조상들의 미덕美德 그리고 서민 생활의 흥취興趣를 맛볼 수 있게 한다. 이 가운데 4월령은 4월에 해야 할 옷감 마련과 여름 옷 짓기 및 초파일의 세시 풍속을 기록하고 있다. 생동하는 농가의 생활 모습을 흥겨운 내용으로 담아내고 있어, 한 폭의 동양화를 보는 듯한 시적인 정취情趣와 흥을 느낄 수 있다.

<농가월령가>는 시기적으로 <춘향가>가 지어진 이후의 작품이지만, 그 이전부터 고기잡이하는 사람들에게 자주 회자膾炙되었던 문구가 아니었나 짐작할 수 있다. 매끈한 물고기를 표현하는 '은린옥척'은 <춘향가> 이외에도 안도환安道煥의 <만언사萬言詞>, 단가인 <운담풍경雲淡風輕>, 사설시조辭說時調 등에도 자주 등장하는 전형적인 시어이다.

---

1 천렵川獵, 《한국민족문화대백과》, 한국학중앙연구원.

47

일년명월금소다一年明月今宵多

> "일년명월금소다一年明月今宵多 천하만국天下萬國 사랑 애愛. 초당영상草堂楹箱 만권시서萬券詩書는 문장재사文章才士가 사랑 애. 세사世事는 금삼척琴三尺이라, 고금古今 율객律客이 사랑 애."
>
> 김연수 바디 〈사랑가〉 '애愛 자字 노래'

　김연수 〈춘향가〉 판소리를 살펴보면, 이도령과 성춘향의 〈사랑가〉 대목에서 "애" 자를 가지고 업고 노는 대목이 나온다. 마음에 그리던 춘향이를 만나 사랑노래를 부르니 어찌 즐겁지 아니할까? 하늘의 두둥실 떠가는 달 또한 어찌 특별하지 아니할거나!

　'일년명월금소다一年明月今宵多' 즉, '일 년 동안의 달 중에서 오늘 밤에 뜬 달이 가장 밝아' 온 세상이 좋아하는 '애' 자 노래는 춘향이에게 보내는 이도령의 정감 가득한 프로포즈가 아니겠는가?

　한유韓愈의 〈팔월십오야증장공조八月十五夜贈張功曹〉 가운데 '일년명월금소다'라는 시구가 등장한다. 이 작품은 직언直言으로 유배당한 한유와 장공조張功曹 즉, 장서張署가 순종順宗이 즉위하고 시행된 대사면大赦免에도 장안으로 돌아오지 못하고 침주郴州에서 조우遭遇하였을 때 지은 것이다.

　동서고금을 막론하고 팔월십오야 밝은 달은 가슴을 넉넉하게 채우고도 남는다. 아름답고 밝은 달이 흐르는 중추절仲秋節의 밤이라는 시간은 일치하지만, 춘향이와 이도령의 조우는 함께하는 사랑 넘치는 아름다운 밤이라면, 한유와 장서의 조우는 유배지에서 미래를 기약할 수 없는 암담한 처지에서 슬픈 광경을 연출하고 있다.

<팔월십오야증장공조八月十五夜贈張功曹> – 한유韓愈[1]

纖雲四卷天無河 (섬운사권천무하)	옅은 구름 사방에 걷히나 하늘에 은하는 없고
淸風吹空月舒波 (청풍취공월서파)	맑은 바람 허공에 부니 달빛물결 퍼지네
沙平水息聲影絶 (사평수식성영절)	모래는 평평하고 물은 고요해 소리와 그림자 사라졌는데
一杯相屬君當歌 (일배상속군당가)	한 잔 술 서로가 권하며 그대에게 노래를 권하네
君歌聲酸辭且苦 (군가성산사차고)	그대의 노랫소리 처연하고 가사 또한 구슬프니
不能聽終淚如雨 (불능청종루여우)	끝까지 듣지 못하고 눈물이 비처럼 흐르네

<팔월십오야증장공조>는 네 부분으로 나눌 수 있다. 첫 번째 부분은 대사면령大赦免令에 따라 많은 사람들이 장안으로 복귀하는 상황에서도 한유와 장서 두 사람은 장안으로 복귀하지 못한 채, 명을 받기 위해 침주郴州에서 머물다가 조우하게 된다. 달 밝은 가을 밤 불우한 처지의 두 사람이 만나 슬픈 노래를 부르는 정경을 노래하고 있다.

洞庭連天九嶷高 (동정련천구억고)	동정호는 하늘과 닿아 구의산은 높고
蛟龍出沒猩鼯號 (교룡출몰성오호)	교룡은 튀어나와 성성이와 날다람쥐 운다
十生九死到官所 (십생구사도관소)	구사일생으로 이 유배당한 관소에 이르니

---

1 한유韓愈(768-824) : 당대의 산문의 대가 및 시인. 중당시기 유종원과 함께 산문 개혁운동인 고문운동을 주도했다. 유종원柳宗元, 구양수歐陽修, 소순蘇洵, 소식蘇軾, 소철蘇轍, 왕안석王安石(1021-1086), 증공曾鞏과 함께 당송8대가唐宋八大家로 불린다. 자字는 퇴지退之. 한문공韓文公이라고도 한다.

<small>유 거 묵 묵 여 장 도</small> 幽居黙黙如藏逃	그윽한 곳 잠잠히 있는 것 도망쳐 숨은 것 같구나
<small>하 상 외 사 식 외 약</small> 下床畏蛇食畏藥	침상에서 내릴 적엔 뱀이 두렵고 밥 먹을 때는 독 있을까 두려운데
<small>해 기 습 칩 훈 성 조</small> 海氣濕蟄熏腥臊	습기는 깊이 젖어 들어 비린 냄새가 진동한다

두 번째 부분은 일상생활마저 어려운 열악한 환경의 오지奧地에서의 고통스러운 유배 생활을 토로하고 있다.

<small>작 자 주 전 퇴 대 고</small> 昨者州前槌大鼓	지난 날 주의 관아 앞에선 큰 북을 울려
<small>사 황 계 성 등 기 고</small> 嗣皇繼聖登夔皐	새로 등극한 황제가 기와 고요 같은 신하를 등용했다 하네
<small>사 서 일 일 행 만 리</small> 赦書一日行萬里	특사의 글이 하루에 만 리를 달리고
<small>죄 종 대 벽 개 제 사</small> 罪從大辟皆除死	죄로 사형에 처한 자들 모두 죽음을 면하게 됐지
<small>천 자 추 회 류 자 환</small> 遷者追回流者還	좌천된 자들이 다시 복직되고 유배 받았던 자들이 돌아오며
<small>척 하 탕 구 청 조 반</small> 滌瑕蕩垢清朝班	흠을 닦고 때를 씻어 조정을 깨끗이 하였지
<small>주 가 신 명 사 가 억</small> 州家申名使家抑	자사께서 (나의)이름을 거론하였지만 관찰사께선 보류하여
<small>감 가 지 득 이 형 만</small> 坎軻只得移荊蠻	감가(불우)한 운명 다만 형만으로 옮기게 됐어라
<small>판 사 비 관 불 감 설</small> 判司卑官不堪說	판사는 미관이라 감히 거론할 수도 없는데
<small>미 면 추 초 진 애 간</small> 未免捶楚塵埃間	티끌 속에 매 맞음을 면하지 못하는구나
<small>동 시 배 류 다 상 도</small> 同時輩流多上道	같이 유배 받았던 자들 많이들 상경했는데
<small>천 로 유 험 난 추 반</small> 天路幽險難追攀	조정에 나아가는 길 하늘 오름처럼 험난하여 따르기 어렵네

세 번째 부분은 순종의 즉위 이후 시행된 대사면령에도 불구하고 호남관찰사의 방해로 인해 자신들만이 제외되는 부조리한 현실을 비판

하고 있다. 두 번째와 세 번째 부분은 장서가 노래한 내용이라고 할 수 있다. 비록 장서의 노래라고 하더라도, 동병상련同病相憐의 정감 속에 마지막을 기약할 수 없는 유배생활을 감내하는 한유의 암담한 처지와 심정의 토로라고 해도 과언이 아니다.

君歌且休聽我歌 (군가차휴청아가)	그대는 노래 잠시 쉬고 내 노래를 들어보시게나
我歌今與君殊科 (아가금여군수과)	내 노래 지금 그대와는 다를 터이니
一年明月今宵多 (일년명월금소다)	한 해의 밝은 달 가운데 오늘 밤이 으뜸이로구나
人生由命非由他 (인생유명비유타)	인생은 천명일 뿐 다른 것이 아니니
有酒不飲奈明何 (유주불음내명하)	술 있는데도 마시지 않으면 밝은 달 어찌하랴

마지막 단락은 장서의 노래에 대한 한유의 회답으로서, 인생이란 운명에 따라 사는 것이라며 술을 빌어 장서를 위로한다. 한유 역시 장서와 같은 마음이지만, 동병상련의 정조 속에서도 비분강개悲憤慷慨하는 장서를 위로하며, 담담하게 현실을 받아들이고 자연과 벗할 것을 진지하게 권유하고 있다. 동병상련의 정감 속에 비분강개, 체념, 운명, 술 등은 한유의 감내할 수 없는 고통과 좌절의 깊이를 드러내고 있다.

추석 보름달 즉, 중추만월中秋滿月을 노래한 작품은 상당히 많이 있다. 한유의 〈팔월십오야증장공조〉이외에도 손꼽히는 작품으로는 유명한 두보杜甫의 〈팔월십오야월八月十五夜月〉[2], 이행李荇의 〈팔월십오야〉[3] 등이 있다.

---

2 두보杜甫의 〈팔월십오야월八月十五夜月〉: "만월비명경滿月飛明鏡, 귀심절대도歸心折大刀: 밝은 거울 같은 보름달 비치고, 고향 생각에 가슴은 저며오네."
3 이행李荇의 〈팔월십오야八月十五夜〉: "정시고루명월야正是高樓明月夜, 적성처단불감청笛聲凄斷不堪聽: 달 밝은 밤 누대에 오르니, 피리소리 처량하여 차마 듣지 못하겠네."

48
일각(일일)여삼추 一刻(一日)如三秋

> "재주가 절등絶等이여."
> "재주가 절등이지요."
> "자네 뉘 말인 줄 알고 그렇게 대답을 저리 잘하나?"
> "아, 사또님께서는 누구 말씀을 그렇게 허십니까?"
> "아, 우리 몽룡이 말이야."
> "아, 사또님이 몽룡이 말씀이면, 소인도 몽룡이 말이지요."
> 이렇듯 자랑이 낭자狼藉할 제, 그렇저렁 십오일이 되니, 춘향집을 가고 싶은 마음 일각一刻이 여삼추如三秋라.
>
> <목낭청睦郞廳 동문서답>

 '일각여삼추一刻如三秋'는 짧은 시간마저도 오랜 세월로 느껴진다는 의미이다. 춘향이의 집으로 달려가고만 싶은 이도령의 간절한 마음을 더디기만한 시간을 빌어 상징적으로 표현했다. '일각여삼추'는 《시경詩經》의 <왕풍王風·채갈采葛>에서 연원한다. 이 시는 사랑을 노래하는 연가풍戀歌風으로 칡과 쑥(약쑥)을 캐면서 부른 노래이다.

《시경詩經》 <왕풍王風·채갈采葛>

彼采葛兮 (피채갈혜)	칡을 캐는 아가씨
一日不見 (일일불견)	하루를 보지 않으면
如三月兮 (여삼월혜)	석 달이나 지난 듯!

彼采蕭兮 (피채소혜)	쑥을 캐는 아가씨
一日不見 (일일불견)	하루를 보지 않으면
如三秋兮 (여삼추혜)	가을이 세 번 지난 듯
彼采艾兮 (피채애혜)	저기 약쑥을 캐는데
一日不見 (일일불견)	하루를 보지 않으면
如三歲兮 (여삼세혜)	삼 년이나 지난 듯

'일일불견 여삼추혜 一日不見 如三秋兮'는 하루를 만나지 않은 것이 세 번의 가을 동안(3년) 만나지 않은 것 같다는 의미로, 연인에 대한 정이 사무치는 그리움으로 변해가는 것을 말한다. 더욱이 하루가 삼 개월에서 세 번의 가을, 3년의 시간으로 점증하는 것은 형언할 수 없는 그리움의 깊이를 표현한다.

그네를 타는 아리따운 자태의 춘향이를 보고 마음을 빼앗겨버린 이도령이 천자풀이 글공부가 머리에 들어오기나 하겠는가? 봄바람 타고 날아든 큐피드 화살은 이도령 마음을 설레게 하고, 춘향이를 만나기로 한 날짜는 이다지도 더디게 흘러가니, 글이고 뭐고 애꿎게 시간 타령하는 이도령의 춘향에 대한 그리움이 드러나는 부분이다.

49

일함정루홍유습—緘情漏紅猶濕이요
만지춘수묵미건滿紙春愁墨未乾

> '일함정루홍유습—緘情漏紅猶濕이요, 만지춘수묵미건滿紙春愁墨未乾을. 한 봉封, 한 정情에 눈물이 붉어 있고, 가득한 근심 맑은 먹이 마르지 않은지라. 비두飛頭에 문안허고, '열 번 남아 죽은 바에 다만 일개 혼魂뿐이옵기로, 겨우 정신을 수습하여 두어 줄 글을 올리오니, 깊이 하감下瞰하옵소서.'
>
> <춘향 편지>

'일함정루홍유습—緘情漏紅猶濕이요 만지춘수묵미건滿紙春愁墨未乾'은 왕실보王實甫[1]의 《서상기西廂記》[2]에 등장한다. 왕실보는 관직생활을 하다가 은퇴한 후 본격적으로 극본 창작에 매달려 10여종의 잡극을 썼으나, 현재는 《파요기破窯記》,《여춘당麗春當》,《서상기西廂記》 3종만이 전해진다.

---

1 왕실보王實甫(1250?-1377?) : 자는 실보. 본명은 덕신德信. 대도大都(북경) 출생. 잡극의 황금시대를 이룩한 중국 원나라의 극작가. 대표 작품 가운데 《서상기》는 당시 천하제일이라는 평을 받은 명작으로, 후세에 더욱 널리 애호되어 큰 영향을 끼쳤다. 그 밖에 저서에 《여춘당麗春堂》,《파요기破窯記》 등이 있다. 관한경關漢卿이 실제 연극 공연을 위한 잡극을 지었다면, 왕실보는 읽는 잡극을 지었는데 그 대표작이 《서상기西廂記》이다.

2 《서상기西廂記》: 왕실보의 《서상기》는 중국 원대 잡극雜劇(元曲)의 명작으로 손꼽힌다. 13세기 후반부터 14세기 초에 걸쳐서 잡극이 대도大都(지금의 북경)를 중심으로 발전하던 시기의 작품이다. 내용은 당대唐代의 전기소설傳奇小說 〈앵앵전鶯鶯傳〉(일명 〈회진기會眞記〉라고도 한다.)에 나오는 재상의 딸 최앵앵과 백면서생白面書生 장생張生과의 지고지순地高至純한 사랑 이야기이다.

《서상기西廂記》 제이절第二折 중中

[사살] 지광명옥판 자향분사란 행아변인루비춘한 일함정루홍유습
[四煞] 紙光明玉板, 字香噴麝蘭, 行兒邊洇透非春汗? 一緘情淚紅猶濕.
만지춘수묵미건 종금후휴의난 방심파옥당학사 온정취금작아환
滿紙春愁墨未乾. 從今後休疑難, 放心波玉堂學士, 穩情取金雀鴉鬟.

편지지는 옥판처럼 새하얗고 글씨에서 사향난麝香蘭의 그윽한 향기가 풍기며, 편지지의 가장자리가 축축한 것은 상사의 땀이 종이 가장자리를 적셨기 때문일까? 한 통의 사랑 편지에는 눈물이 흥건하고, 근심 가득한 편지에는 먹물 자국이 아직 다 마르지도 않았네. 이제부터는 더 이상 의심하지 마라. 옥당학사玉堂學士님(張生을 가리킴) 마음 놓으세요. 우리 집 아가씨[3]를 꼭 얻으실 수 있습니다.

왕실보의 잡극《서상기》의 정식 명칭은《최앵앵대월서상기崔鶯鶯待月西廂記》이다.《서상기》는 원본이라고 할 수 있는 당대 원진元稹 의 〈앵앵전鶯鶯傳〉의 줄거리를 근간으로 희곡으로 구성한 작품이며, 4절로 구성된 잡극과 달리 5본本으로 구성된 원 잡극 가운데 유일한 장편이다.

《서상기》는 당대 전기소설인 원진의 〈앵앵전〉, 제궁조諸宮調인 동해원董解元의《서상기》를 거쳐 원대 희곡으로 재탄생하였다. 원작이라고 할 수 있는 동해원의《서상기》가 후일에는 결국《동서상董西廂》이라고 이름이 바뀌어 불리는 사실을 통해서도, 가장 늦은 시기에 만들어진 잡극 왕실보의《서상기》의 인기와 명성을 확인할 수 있다.

왕실보의《서상기》는 제궁조인 동해원의《서상기》와 달리 장생과 최앵앵이 운명적으로 만나 갈등을 극복하고 부부의 연을 맺는 사랑을

---

3 옥당학사玉堂學士 : 한림학사. 장생張生을 가리킨다.
   금작아환金雀鴉鬟 : 우리 아가씨. 최앵앵崔鶯鶯을 가리킨다.

해피엔딩으로 마감하고 있다. 왕실보의 《서상기》는 남녀의 자유 혼인에 대한 작가 왕실보의 선언이자 애정문제에 대한 당시 사람들의 바람을 반영한 위대한 작품으로 평가받고 있다. 전체적으로 볼 때, 장생의 노래에서는 시종 활달함과 정열을 느끼게 되고, 앵앵의 노래에서는 규수閨秀다운 전아함과 유수幽愁를 느끼게 되며, 홍랑의 노래에서는 발랄함과 경쾌함을 느끼게 된다. 《서상기》는 잡극 가운데 절창으로 꼽히며, 말하고 노래하는 사람의 심경이나 성격에 적합한 노래나 대화를 사용한 특색이 돋보인다.

50

장성일면용용수長城一面溶溶水,
대야동두점점산大野東頭點點山

"교명오작선인橋名烏鵲仙人橋요, 누호광한옥경루樓號廣寒玉京樓를. 차문전생수직녀借問前生誰織女오? 지응금일아견우知應今日我牽牛를." 글 지어 읊은 후에 다시 일어 배회徘徊할 적에, 앉았다 일어나 두루두루 거닐며 팔도강산八道江山 누대樓臺 경개景槩 손꼽아 헤아린다. 장성일면용용수長城一面溶溶水 대야동두점점산大野東頭點點山, 평양 감영은 대동문大東門, 연광정練光亭 일렀고, 주렴취각珠簾翠閣은 벽공碧空에 늘어져, 수호문창繡戶紋窓은 덩실 솟아, 앞으로는 영주각瀛洲閣, 뒤로는 무릉도원武陵桃源. 흰 '백白'자字, 붉을 '홍紅'은 숭얼숭얼 꽃피우고, 붉을 '단丹' 푸를 '청靑'은 고물고물이 단청丹靑이라. 유막황앵환우성柳幕黃鶯喚友聲은 벗 부르는 소리 허고, 황봉백접쌍쌍무黃蜂白蝶雙雙舞는 향기를 찾는 거동이라. 물을 보니 은하수요, 경은 정녕丁寧 옥경玉京인디, 옥경이 분명허면 월궁月宮 항아姮娥가 없을쏘냐?

<이도령 흥취>

'장성일면-용-용-수長城一面溶溶水, 대야동두점점산大野東頭點點山'은 이몽룡이 광한루에 올라 눈앞에 펼쳐지는 남원의 전경을 보면서, '긴 성의 한 끝으로 강물이 잔잔히 흐르고, 넓은 들 동쪽으로 점점이 산이로구나' 라고 감탄하는 구절이다.

이 시구는 대동강과 관련된 일화逸話와도 얽혀 있다. 고려 정종定宗 시대의 문신이며 시인이었던 김황원金黃元이 대동강 부벽루浮碧樓에 올라가서 보니, 그곳에 걸린 평양의 산천을 읊은 시구들이 하나같이 신통하지 못하다고 여기고서 모두 태워버리고는, 스스로 시를 지어 걸기로 작정하였다. 하지만 더 이상 영감이 떠오르지 않았다. 그러다가 해가 질 무렵에야 겨우 "장성일면용용수長城一面溶溶水, 대야동두점점산大野東

頭點點山"이라는 시 한 구를 얻는 데 그치고 말았다. 결국 끝내 그 짝을 채우지 못하고 통곡을 하며 내려왔다는 일화가 전한다. 시 한 구절 이외에 더 첨언하면 대동강변의 경치가 손상될 수 있고, 어떠한 표현으로도 대동강변의 장관壯觀을 이 시구처럼 읊어 낼 수 없다는 문학 창작의 한계를 드러낸 일화이다.

〈등부벽루시登浮碧樓詩〉 - 김황원金黃元[1]

長城一面溶溶水　　긴 성의 한 끝으로 강물이 잔잔히 흐르고
大野東頭點點山　　넓은 들 동쪽으로 점점이 산이로구나

연암燕巖 박지원朴趾源의 《열하일기熱河日記》를 살펴보면, 영평성永平城에 갔을 때, 멀리 강물이 휘감아 흐르고 아득히 산맥들이 노루처럼 달려가는 지형을 조망眺望하면서, 자기의 조국 평양, 대동강 푸른 물이 흐르고 부벽루浮碧樓가 우뚝 솟은 풍경을 상기하며 비교했다. 박지원은 영평성을 내려다보며 조선의 시인 김황원金黃元의 바로 이 작품 〈등부벽루시登浮碧樓詩〉의 '장성일면용용수長城一面溶溶水, 대야동두점점산大野東頭點點山'을 떠올렸던 것으로 생각된다.

광한루와 남원은 부벽루와 평양에 비유되고 있다. 이처럼 풍광이 뛰어난 명소 역시 훌륭한 문학작품과 함께 남다른 일화가 소개됨으로써 명성을 더하게 되는 것은 당연한 귀결이다. 이것이 바로 무한한 부가가

---

[1] 김황원金黃元(1045-1117) : 본관은 광양光陽. 자는 천민天民. 일찍이 문과에 급제하여 예부시랑禮部侍郎·한림학사翰林學士 등을 지냈다. 청렴하고 권세에 아부하지 않았다. 힘써 고문古文을 배워 해동제일海東第一이라는 칭호를 얻었으며, 이궤李軌와 함께 한림직에 있으면서 문장으로 이름을 떨쳤다.

치附加價値를 창출하는 스토리텔링의 효과라고 생각된다.

51

장주莊周가 호접胡蝶되고, 호접胡蝶이 장주莊周되어

> 이렇듯 옥중에서 울음으로 세월을 보낼 적에, 일야一夜는 꿈을 비니, 장주莊周가 호접胡蝶되고, 호접이 장주되어, 실같이 남은 혼백魂魄 바람인 듯 구름인 듯 한 곳을 당도하니, 천공지활天空地闊하고 산명수려山明水麗한데, 은은한 죽림竹林 속에 일층화각一層畵閣이 밤비에 잠겼어라. 대저大抵 귀신이라 하는 것이 배풍어기背風禦氣하고 승천입지昇天入地하매, 춘향의 꿈 혼백이 만 리 소상강瀟湘江가에 갔던가 보더라.
>
> <옥중가> 중 '꿈에 황릉묘黃陵廟 가는 데'

'장주莊周가 호접胡蝶되고, 호접이 장주되어'는 《장자莊子》의 〈제물론齊物論〉에서 '호접지몽胡蝶之夢'을 아우르는 표현이다. '대체 장주가 꿈속에서 나비가 된 것인지 아니면 나비가 꿈에 장주가 된 것인지를 분간조차 할 수 없다'라는 의미로서 물화物化 즉, 사물의 변화를 말한다. 〈춘향가〉에서 이 대목을 인용한 것은 억울하게 옥중에 갇힌 춘향이의 형언조차 할 수 없는 슬픔과 함께, 꿈속에서라도 나비가 되어 사랑하는 이도령의 곁으로 가고자하는 소망을 피력한 것이라고 말할 수 있다.

《장자》의 〈제물론〉에 등장하는 '호접지몽'은 다음과 같다.

《장자莊子》 〈제물론편齊物論篇〉

昔者莊周爲胡蝶 然胡蝶也 自喩適志與 不知周也 俄然覺 則然周也 不
석자장주위호접 연호접야 자유적지여 부지주야 아연각 즉연주야 부

知 周之夢爲胡蝶與 胡蝶之夢爲周與 周與胡蝶 則必有分矣 此之謂物化
<small>지 주지몽위호접여 호접지몽위주여 주여호접 칙필유분의 차지위물화</small>

예전에 나는 나비가 된 꿈을 꾼 적이 있다. 그때 나는 기꺼이 날아다니는 나비였다. 아주 즐거울 뿐이었다. 그리고 자기가 장주임을 조금도 지각하지 못하였다. 그러나, 갑자기 꿈에서 깬 순간 분명히 나는 장주가 되었다. 대체, 장주가 나비 된 꿈을 꾸었던 것일까, 아니면 나비가 장주가 된 꿈을 꾸고 있는 것일까? 장주와 나비 사이에는 반드시 구분이 있다. 이것을 일러 물화(사물의 변화)라고 한다.

도道의 세계에서 보면 만물이 모두 다 똑같이 가지런하다. 즉, 제일齊一하다. 장주도 호접이고, 호접도 장주라. 꿈도 현실이고, 현실도 꿈이다. 이 세상에 절대란 있을 수 없다고 장자는 강조한다. '절대적인 것이 있을 수 없다'라는 것은 바꿔 말하면 '모든 것은 변화한다'라는 것과 일맥상통한다.

장자의 만물제동[1]에는 우리가 대소大小, 미추美醜, 선악善惡, 시비是非 등의 서로 대립되는 가치관에 있어서 그 하나는 좋다 하고, 그 하나는 나쁘다고 하는데, 장자는 그것은 우리가 도道를 도로 인식하지 못하는 데서 생긴 것일 뿐 실제에 있어서는 아무런 차이도 없는 즉, 무차별임을 주장한다.

---

1 만물제동萬物齊同 : 장자의 경계 없는 사유로서 만물은 모두 똑같다는 주장.

52

적벽강赤壁江 추야월秋夜月에
소자첨蘇子瞻도 놀았고

> 책실冊室에서 공부할 제, 때마침 오월 단오절端午節이라 일기 화창和暢하니, 남원 구경차로 방자를 불러 물으시것다.
> "이애 방자야!"
> "예."
> "너의 고을에 볼 만한 승지勝地 강산江山이 어디어디 있느냐?"
> "공부하시는 도련님이 승지는 찾어 무엇하시랴오?"
> "네가 모르는 말이로다. 천하 제일 명승지名勝地 도처到處마다 글귀로다. 내 이를 테니 들어보아라. 기산영수별건곤箕山潁水別乾坤 소부巢父 허유許由 놀고, **적벽강赤壁江 추야월秋夜月에 소자첨蘇子瞻도 놀았고**, 채석강采石江 명월야明月夜에 이적선李謫仙이도 놀았고, 등왕각滕王閣 봉황대鳳凰臺에 문장 명필의 자취라. 내 또한 호협사豪俠士라, 동원도리편시춘東園桃李片時春 낸들 어이 허송헐꺼나? 잔말 말고 일러라."[1]
>
> <남원 승지 찾아>

　적벽강赤壁江의 가을 달밤을 말하자면, 중국의 문호文豪로 일컬어지는 송나라의 문장가 소동파蘇東坡가 음력 7월 16일 밤에 배를 띄우고 적벽을 유람하며 지은 <적벽부赤壁賦>를 떠올리지 않을 수 없다. 앞의 「47. 일년명월금소다一年明月今宵多」편에서 중추 보름달에 관한 작품을 살펴본 바와 같이, 인간의 감성을 자극하는 대표적인 자연물인 달은 다양한 시의 소재로 활용되고 있다. <적벽부>의 달은 음력 7월 16일 동산에

---

1 「17. 동원도리편시춘東園桃李片時春」에서 인용되었음.

떠오르는 달로서 북두칠성과 견우성 사이를 여유롭게 흘러가는 남다른 특색을 지닌다.

〈적벽부〉는 소식蘇軾의 노장사상老莊思想에 입각한 달관達觀의 정신과 불교의 제행무상諸行無常, 자연친화 사상이 잘 드러나 있는 작품이다. 7월 중순과 10월 중순에 적벽 아래로 흐르는 장강長江에서 뱃놀이를 하면서 쓴 〈전적벽부前赤壁賦〉와 〈후적벽부後赤壁賦〉가 각각 전해진다.[2] 작품 속에서는 주인과 손님이 서로 대화를 주고받고 있지만, 실제 화자는 소동파 자신으로 내적 정서의 변화와 기복起伏을 표현하기 위해 대화체 형식을 빌어 쓴 것이다.[3]

적벽강의 가을 달밤을 노래한 〈전적벽부〉 가운데 세 부분을 감상하기로 한다.

〈적벽부赤壁賦〉 — 소동파蘇東坡[4]

壬戌[5]之秋七月旣望[6] 蘇子與客泛舟 遊於赤壁之下 淸風徐來 水波不
임 술 지 추 칠 월 기 망   소 자 여 객 범 주   유 어 적 벽 지 하   청 풍 서 래   수 파 불

---

[2] 〈전적벽부〉는 음력 7월에 지은 작품이고, 〈후적벽부〉는 음력 10월에 지은 작품이다. 〈전적벽부〉는 적벽에서 벌어졌던 삼국시대의 고사故事를 생각하고 덧없는 인생에서 벗어나 자연과의 합일合一을 노래한 것이고, 〈후적벽부〉는 적벽야유赤壁夜遊의 즐거움을 구가謳歌한 것이다. 소동파 문학의 대표적인 걸작으로 많은 사람들에게 애송되어 온 중국의 최고의 명문장 가운데 하나이다.

[3] 류소천, 《중국문인열전》.

[4] 소동파蘇東坡(1037-1101) : 중국을 대표하는 탁월한 문장가 가운데 한 사람으로 추앙받는 인물이며, 북송시대 중국 사천성四川省 미산眉山 출신. 자는 자첨子瞻, 호는 동파거사東坡居士, 애칭은 파공坡公・파선坡仙 등으로 불린다. 이름은 식軾이며, 동생으로 소철蘇轍이 있는데, 동생과 비교하여 대소大蘇라고도 불리었다. 부친 소순蘇洵은 구양수歐陽脩, 왕안석王安石 등과 교우하며 송나라에서 이름난 문장가였다. 소동파는 송나라 최고의 시인이며, 문장에 있어서도 당송팔대가唐宋八大家의 대표 문인으로 문호文豪라고 일컬어진다.

[5] 임술壬戌 : 송나라 신종神宗 원풍元豊 5년(1082). 소동파의 나이 47세.

[6] 기망旣望 : 음력으로 열엿샛날. 보름날 다음 날.

興 擧酒屬客 誦明月之詩[7] 歌窈窕之章[8] 少焉月出於東山之上 徘徊於斗牛之間[9] 白露橫江 水光接天 縱一葦[10]之所如 凌萬頃之茫然 浩浩乎[11] 如憑虛御風[12]而不知其所止 飄飄乎[13]如遺世獨立 羽化而登仙

임술년 가을 칠월 십육일에 소씨가 손님과 함께 배를 띄워 적벽 아래서 노니, 맑은 바람은 서서히 불어오고 물결도 일지 않는 가운데 술잔 들어 손님에게 권하고, 명월의 시를 읊으며 요조의 구절을 노래했다. 잠시 후 달이 동쪽 산 위로 나와 북두성과 견우성 사이를 서성이니, 하얀 이슬은 강을 가로지르고, 물빛이 하늘에 가 닿았다. 조각배 가는 대로 내버려두고, 한없이 넓어 아득한 강을 헤쳐나가니, 하도 넓어 허공에 기대 바람 부는 듯하고, 그 머무를 바를 몰라 나부끼는 것이 마치 세상을 버리고 홀로 서서 날개 돋고 하늘 오를 신선인 듯하여라.

(중략)

寄蜉蝣[14]於天地 渺滄海之一粟 哀吾生之須臾[15] 羨長江之無窮 挾飛仙以遨遊 抱明月而長終 知不可乎驟得 託遺響[16]於悲風

하루살이 목숨을 하늘과 땅에 맡기니, 아득히 푸른 바다에 뜬 좁쌀 한 알 같구나. 나의 생이 순간임을 슬퍼하고, 장강長江의 무궁함을 부러워하노라. 하

---

7 명월지시明月之詩:《시경詩經》〈진풍陳風·월출편月出編〉.
8 요조지장窈窕之章:《시경》〈국풍國風·주남周南·관저關雎〉.
9 두우지간斗牛之間: 북두성과 견우성 사이.
10 일위一葦: 한 잎의 갈대. 작은 배.
11 호호호浩浩乎: 넓은 것을 뜻하는 형용사.
12 빙허어풍憑虛御風: 허공에 의지하여 바람을 타고 가다. 마음이 신선의 경지에 들어가고 있음을 말함.
13 표표호飄飄乎: 가볍게 나부끼는 모습. 몸이 두둥실 가벼이 떠오른 모양.
14 부유蜉蝣: 하루살이.
15 수유須臾: 잠깐 동안, 눈 깜짝할 사이.
16 유향遺響: 퉁소 소리의 여운.

늘 나는 신선 만나 즐겁게 노닐고, 밝은 달 안고서 오래 살다 가고 싶지만 얻을 수 없음을 아니, 퉁소 소리의 여운을 슬픈 바람에 실어 보내네.

(중략)

且夫天地之間 物各有主 苟非吾之所有 雖一毫而莫取 惟江上之淸風 與山間之明月 耳得之而爲聲 目寓之而成色 取之無禁 用之不竭 是造物者之無盡藏也 而吾與子之所共樂

무릇 천지간에 만물은 각각 주인이 있고, 진실로 나의 소유가 아니니 터럭 하나라도 취하지 말 것이라. 다만 강 위의 맑은 바람과 산과 산 사이의 밝은 달은 귀에 들리면 소리로 삼고, 눈에 담기면 색을 이루니, 취하여도 금함이 없고, 써도 다함이 없을 것이라. 이는 조물주의 무진장이니 나와 그대가 함께 즐기는 것이라.

(후략)

53

전도유랑금우래前度劉郞今又來

> 박석치薄石峙 올라서서 좌우 산천을 둘러보니,
> "산도 옛 보던 산이요, 물도 옛 보던 녹수로구나. 대방군帶方郡¹의 놀든 데가 동양물색動陽物色이 더욱 좋다. **전도유랑금우래**前度劉郞今又來 현도관玄都觀이 여기련만, 하향도리遐鄕桃李 좋은 구경 반악潘岳이 두 번 왔네."
>
> 김세종 바디 <박석치>

'전도유랑금우래前度劉郞今又來'는 이도령이 어사가 되어 박석치에 올라 광한루를 돌아보며, '춘향아 내가 돌아왔다'하는 마음을 크게 소리치지 못하고, 독백하는 듯한 분위기를 느끼게 하는 대목에 인용된 문장이다.

'전도유랑금우래'는 '앞서 떠났던 유랑이 오늘에야 돌아왔다'는 뜻으로, 당나라 시인 유우석의 <재유현도관再遊玄都觀>의 마지막 구절에 등장한다.

유우석²은 조정의 미움을 받아 낭주朗州로 귀양 갔다가, 몇 년 뒤 장안

---

1 대방군帶方郡 : 남원의 옛 지명.
2 유우석劉禹錫(777-842) : 왕숙문王叔文 등의 개혁 단체에 참가하여 환관宦官·번진藩鎭 세력에 반대했다가 실패한 후, 낭주사마朗州司馬로 좌천되었고 후에 연주자사連州刺使가 되었다. 이후 배도裵度의 적극적인 추천으로 태자빈객太子賓客 겸 검교예부상서檢校禮部尙書가 되어 세간에서는 '유빈객劉賓客'으로 불렸다. 유종원柳宗元과 두터운 교분으로 '유유劉柳'라고 병칭되고, 항상 백거이白居易와 시문을 주고받는 좋은 관계로 인해 '유백劉白'이라고도 병칭되었다. 그의 시는 통속적이면서도 청신하며 <죽지사竹枝詞>가 유명하다.

으로 돌아오는 길에 현도관에 이르러 시 한 수를 짓는다. 〈자낭주지경희증간화제군자自朗州至京戲贈看花諸君子〉는 다음과 같다.

〈자낭주지경희증간화제군자自朗州至京戲贈看花諸君子〉 — 유우석劉禹錫

紫陌紅塵拂面來 　장안 큰 거리의 자욱한 먼지 얼굴에서 털어내며 오느라니
無人不道看花回 　현도관 꽃구경하고 돌아오는 길이라 말하지 않는 이가 없네
玄都觀裏桃千樹 　현도관에 심은 복숭아나무 수천 그루
盡是劉郎去後栽 　모두가 내가 떠난 뒤에 심은 것이로구나

이 시로 인하여 유우석은 집권자들을 비방誹謗했다는 혐의를 받게 된다. 즉, '꽃 구경하는 젊은이들은 내가 장안에 없을 때 나온 신출내기라고 조정의 고관들을 빗댄 것'이라는 미명하美名下에, 유우석은 다시 파주播州로 좌천되었다. 그 뒤 10년 만에 풀려나 다시 또 현도관에 가서 지은 작품이 바로 〈재유현도관〉이다.

〈재유현도관再遊玄都觀〉[3] — 유우석劉禹錫

百畝井中半是苔 　백묘의 넓은 뜰 안에 절반이 이끼인데
桃李淨盡菜花開 　복숭아, 오얏나무 없고, 나물꽃 활짝 피었네
種桃道士何處去 　복숭아 심은 도사는 어디로 떠났는가
前度劉郎[4]今又來 　앞서 떠났던 나 유랑이 오늘 또 다시 왔노라

3　현도관玄都觀: 신선이나 도사道士들이 수련하는 곳으로 당나라 수도 장안長安의 숭업방崇業坊에 있던 도교의 사원寺院. 현도단玄都壇이라고도 한다.

이 시는 현도관을 읊고 있지만 은유하는 바는 '화려하던 조정이 삭막해졌고, 기세등등하던 그 때의 고관高官들은 지금 모두 어디로 갔는가, 나는 이렇게 또 다시 왔는데.'라고 세태를 풍자하면서 인생의 무상함을 곁들이고 있다.[5]

---

4 전도유랑前度劉郎 : 전번에 왔던 유랑 곧 자신 유우석을 말한다.
5 〈재유현도관再遊玄都觀〉: 현도관을 다시 유람하다. 《한시작가작품사전》, 국학자료원.

54

전원田園이 장무호불귀將蕪胡不歸라
삼경三徑이 취황就荒 거칠 황荒

> "천지사방天地四方 몇 만 리里 하루광활厦樓廣闊 집 우宇. 연대국조連代國祖 흥망성쇠興亡盛衰 왕고래금往古來今 집 주宙. 우치홍수禹治洪水 기자추연箕子推衍 홍범洪範이 구주九疇 넓을 홍弘. **전원田園이 장무호불귀將蕪胡不歸라 삼경三徑이 취황就荒 거칠 황荒**. 요지성덕堯之聖德 장헐시고, 취지여일就之如日 날 일日. 억조창생億兆蒼生 격양가擊壤歌 강구연월康衢煙月 달 월月. 오거시서五車詩書 백가어百家語 적안영상積案盈箱 찰 영盈. 이 해가 어이 이리 더디 진고, 일중즉측日中則昃의 기울 측昃."
>
> <천자 뒤풀이>

'전원田園이 장무호불귀將蕪胡不歸라 삼경三徑이 취황就荒 거칠 황荒'은 이몽룡의 천자 뒤풀이 가운데 '황荒'에 해당하는 풀이다. 위진남북조시대魏晉南北朝時代 동진東晉의 시인 도연명[1]의 〈귀거래사歸去來辭〉[2]에서 인용한 문구이다. 도연명은 이 작품을 쓰게 된 동기를 그 서문에서 누이동생의 죽음을 슬퍼하여 관직을 버리고 고향으로 돌아간다고 기록하고

---

[1] 도연명陶淵明(365-427) : 이름은 잠潛. 호는 오류선생五柳先生. 연명은 자이다. 강주江州 심양군尋陽郡 현재 강서성江西省 구강九江 시상현柴桑縣(지금의 성자현星子縣)에서 태어났다. 동진東晉 말기부터 남조南朝의 송宋(劉宋이라고도 함) 초기에 걸쳐 생존했다.
도연명의 시문으로 현재 남아 있는 것은 4언시四言詩 9수, 5언시 115수, 산문 11편이다. 저작 연대를 알 수 있는 작품은 80수 정도이고, 나머지 작품은 중년기 이후, 즉 고향에서 은거하던 약 20여 년 간에 지어진 것으로 추측된다.

[2] 〈귀거래사歸去來辭〉: 〈도화원기桃花源記〉와 함께 도연명의 대표작으로, 관직을 청산하고 고향으로 돌아가 전원과 함께하는 생활을 노래한 작품이다. 이 작품 이후로 '귀거래歸去來'는 고향으로 돌아간다는 상투적인 표현으로 사용되고 있다.

있다. 하지만 양梁의 소명태자 소통蕭統³의 〈도연명전陶淵明傳〉에는, 감독관의 순시를 의관속대⁴하고 영접하지 않으면 안 되는 것을 알고, 오두미⁵를 위해 향리의 소인에게 허리를 굽힐 수 없다고 선언하고 그날로 사직하였다고 밝히고 있다.

이 작품은 현실에 아부하지 않고 선비의 정절을 지킨 도연명의 기개를 나타내는 일화와 함께, 관직을 사직하고 고향으로 돌아가 은거를 선언한 일생의 전환점을 장식한 작품이다.

〈귀거래사歸去來辭〉 — 도연명陶淵明

歸去來兮	돌아가자꾸나
田園將蕪胡不歸	전원이 거칠어지려 하니, 어찌 돌아가지 않으리
旣自以心爲形役	이미 마음이 육체의 노예였던 걸 알았으니
奚惆悵而獨悲	어찌 근심하며 슬퍼하기만 하겠는가
悟已往之不諫	이미 지나간 것은 바로잡지 못함을 깨달았고
知來者之可追	다가오는 것은 고쳐갈 수 있음을 알았네
實迷塗其未遠	길을 잃었으나 아직 멀리 오지는 않았으니
覺今是而昨非	오늘이 옳고 어제가 잘못이었음을 깨닫네

---

3   소명태자昭明太子 소통蕭統(501-531) : 이름은 소통, 자는 덕시德施, 시호는 소명태자. 무제武帝 소연蕭衍의 큰아들이다. 그가 태어난 다음해에 양나라가 세워져 황태자가 되었다. 유교와 불교에 조예가 깊었고 시문에 뛰어났다. 유효작劉孝綽·육수陸倕·왕균王筠 등의 대표적 역대 문인들을 후원했다. 양나라 이전 문인들의 명작 800편을 엮어 펴낸《문선文選》30권이 유명하며, 이 책은 일종의 문학사적 선집으로 후세에 지식인들의 필독서가 되었다.
4   의관속대衣冠束帶 : 의복과 관을 바르게 하고 허리띠를 맨 복식을 정제한 모습.
5   오두미五斗米 : 5말의 쌀, 즉 적은 봉급을 말함.

^{주요요이경양}舟搖搖以輕颶	배는 흔들거리며 가볍게 나아가고
^{풍표표이취의}風飄飄而吹衣	바람은 하늘거리며 옷자락을 날리네
^{문정부이전로}問征夫以前路	나그네에게 앞길을 물으니
^{한신광지희미}恨晨光之熹微	안타깝게도 새벽빛은 어둡기만 하네
^{내첨형우}乃瞻衡宇	이윽고 저기 누추한 집이 보이네
^{재흔재분}載欣載奔	문득 기뻐 달려가니
^{동복환영}僮僕歡迎	어린 종은 반갑게 맞이하고
^{치자후문}稚子候門	아이는 문에서 기다리네
^{삼경취황}三徑就荒	정원은 거칠어졌건만
^{송국유존}松菊猶存	소나무, 국화는 여전히 그대로네
^{휴유입실}携幼入室	아이 손을 잡고 방으로 들어서니
^{유주영준}有酒盈樽	항아리에 술이 가득하네
^{인호상이자작}引壺觴以自酌	술병과 잔을 끌어당겨 혼자서 따르며
^{면정가이이안}眄庭柯以怡顏	마당의 나뭇가지를 돌아보며 즐거워하네
^{의남창이기오}倚南窓以寄傲	남녘 창가 기대어 기지개를 켜니
^{심용슬지이안}審容膝之易安	무릎이나 겨우 들이는 작은 방의 편안함을 알겠네
^{원일섭이성취}園日涉以成趣	날마다 마당을 산책하며 즐기고
^{문수설이상관}門雖設而常關	문은 비록 있으나 찾아 주는 이 없네
^{책부로이류게}策扶老以流憩	지팡이 짚고 거닐며 마음껏 쉬다
^{시교수이하관}時矯首而遐觀	때로 머리 들어 멀리 바라보니
^{운무심이출수}雲無心以出岫	구름은 무심히 산봉우리 위로 피어나고
^{조권비이지환}鳥倦飛而知還	새는 날기에 지쳐 돌아올 줄 아는구나
^{경예예이장입}景翳翳以將入	날이 저물어 집으로 들어가려다
^{무고송이반환}撫孤松而盤桓	홀로 선 소나무 어루만지며 서성거리네

귀거래혜	
歸去來兮	돌아가자!

請息交以絶遊　　사람 사귀기를 그만두고 왕래를 끊으리라
世與我而相違　　세상과 나는 이미 어긋났는데
復駕言兮焉求　　다시 가마에 올라 무엇을 구하리
悅親戚之情話　　친척과의 정담에 즐거워하며
樂琴書以消憂　　거문고와 책으로 시름을 달래네
農人告余以春及　　농부가 내게 이르되, 봄이 왔다고 하니
將有事于西疇　　서쪽 밭으로 가서 농사 일을 하리라
或命巾車　　때로는 낡은 수레를 몰고
或棹孤舟　　때로는 작은 배를 저어
旣窈窕以尋壑　　구불구불 흐르는 강을 지나고
亦崎嶇而經丘　　험한 산길, 언덕길을 넘어가네
木欣欣以向榮　　나무들은 즐거워 춤을 추고
泉涓涓而始流　　샘물은 졸졸 흘러내리네
羨萬物之得時　　만물이 때를 얻음을 부러워하며
感吾生之行休　　내 삶, 마지막이 다가왔음을 느끼네

己矣乎　　더 말해 무엇하리오
寓形宇內復幾時　　세상사 더부살이 언제까지 한다고
曷不委心任去留　　가고, 머무는 것이 어찌 마음대로 되겠는가
胡爲乎遑遑欲何之　　어찌 이리 서둘러 무엇을 하고자 했는지
富貴非吾願　　부귀는 내가 바라는 것이 아니요
帝鄕不可期　　신선이 되기는 기약한 바 없다네
懷良辰以孤往　　좋은 시절 생각하며 외로이 걷다가
或植杖而耘耔　　지팡이를 꽂아두고 밭을 일구네

登^등東^동皋^고以^이舒^서嘯^소	동쪽 언덕에 올라 나즈막히 읊조리고
臨^임淸^청流^류而^이賦^부詩^시	맑은 냇가에서 시를 지으리라
聊^료乘^승化^화以^이歸^귀盡^진	자연의 흐름에 따라 흙으로 돌아가리니
樂^락夫^부天^천命^명復^부奚^해疑^의	그저 천명을 즐길 뿐, 다시 무엇을 주저하겠는가!

동진시대 도연명이 405년 41세에 이르러, 마지막 관직인 팽택현彭澤縣의 지사知事 자리를 과감하게 사직하고 시골 고향으로 돌아오며 심경을 읊은 작품으로, 세속과의 결별을 고한 진솔한 선언문이기도 하다.

이 작품은 4장으로 구성되어 있고, 각 장마다 다른 압운押韻을 사용하여 노래하고 있다. 제1장은 관리생활을 그만두고 전원으로 돌아가는 심경을 정신 해방으로 간주하여 읊었고, 제2장은 그리운 고향집에 도착하여 자녀들의 영접을 받는 기쁨을 그렸으며, 제3장은 세속과의 절연絶緣 선언宣言을 포함, 전원생활의 즐거움을 담았으며, 제4장은 전원 속에서 자연의 섭리에 따라 목숨이 다할 때까지 살아가겠다는 뜻을 담고 있다.[6]

---

6 [네이버 지식백과] 〈귀거래사歸去來辭〉.

55

제롱망채엽提籠忘採葉

> "이화일지춘대우梨花一枝春帶雨에 내 눈물을 뿌렸으면, 야우문령단장성夜雨聞鈴斷腸聲의 임도 나를 생각헐까? 추우오동엽락시秋雨梧桐葉落時에 잎만 떨어져도 임의 생각. 녹수부용채련녀綠水芙蓉採蓮女와 **제롱망채엽**提籠忘採葉의 뽕 따는 정부征婦들도 낭군 생각은 일반이나, 날 보다는 좋은 팔자. 옥문 밖을 못 나가니, 뽕을 따고 연 캐겄나? 내가 만일에 임을 못 보고 옥중원혼獄中冤魂이 되거드면, 무덤 근처 있는 나무는 상사목相思木이 될 것이요, 무덤 앞에 섰는 돌은 망부석望夫石이 될 것이니, 생전사후生前死後 이 원한을 알아줄 이가 뉘 있드란 말이냐?"
> 퍼버리고 앉아 울음을 운다.[1]
>
> <쑥대머리(옥중가)>

'제롱망채엽提籠忘採葉'은 사랑하는 님을 전장에 보내고 뽕잎를 따는 정부征婦로 표현된 아낙네들이 바구니를 들고 있지만, 임 생각에 잠겨 뽕잎을 따는 것마저도 잊어버린다는 의미이다. 낭군 생각은 일반 사람들이 모두 할 수 있는 것이지만, 옥에 갇혀 죽을 날만 생각하는 춘향이는 어찌 서럽지 않겠는가? 이별한 이몽룡을 생각하며 언제 오실까, 오매불망寤寐不忘 잠도 못 이루고 옥중의 원혼冤魂이 될 팔자이니, 뽕잎 따는 아낙들이 더욱 부러울 수밖에 없다. 임을 기다려본들 만나게 된다는 희망마저 가질 수 없는 절망의 상태에서, 뽕잎 따는 아낙마저도 마냥

---

1 「38. 연이신혼宴爾新婚」에서 소개된 대목.

부러운 춘향이다.

'제롱망채엽'은 당대 시인 장중소張仲素의 〈춘규사春閨思〉에 나오는 구절이다. 전쟁터에 나간 남편을 그리워하는 생과부가 뽕잎 따는 일마저 잠시 잊고 생각에 잠긴 모습을 통해, 화사한 봄날이 와도 만날 수 없는 애잔한 그리움을 멋스럽게 표현하고 있다.

장중소의 〈춘규사〉는 다음과 같다.

〈춘규사春閨思〉 - 장중소張仲素

裊裊城邊柳 하늘하늘 성곽 옆 버들가지
青青陌上桑 파릇파릇 밭두렁 위 뽕잎
提籠忘採葉 광주리 들고도 뽕잎 따는 걸 잊을 지경
昨夜夢漁陽[2] 어젯 밤 꿈에 출정나간 남편을 만났어요

---

2   어양漁陽 : 당대 변경 지역으로, 규방의 젊은 아낙의 그리워하는 임이 머무는 곳是唐時征戍之地, 當是這位閨中少婦所懷之人所在的地方을 말한다.

56

차문주가하처재借問酒家何處在,
목동요지행화牧童遙指杏花.

> "차문주가하처재借問酒家何處在오, 목동요지牧童遙指의 행화杏花!"
> 행화가 들어온다. 행화라 하는 기생은 홍상紅裳자락을 거듬거듬 흉당胸膛에 걷어 안고,
> 대명당大明堂 대들보 밑에 명매기의 걸음으로 아장아장 들어오더니,
> "예, 등대等待 나오."
> 점고點考 받고 일어서더니 우부진퇴右俯進退(고개를 숙이며 오른쪽으로 물러남)로 물러난다.
>
> 김세종 바디 <기생 점고>

기생이 등장하니 술이 빠질 수 있겠는가? '차문주가하처재借問酒家何處在오, 목동요지행화牧童遙指杏花'는 '주막이 어디에 있는지 물으니, 목동이 멀리 살구꽃을 가리키는 기생 행화 등장이요'라고 점호하는 대목이다.

'차문주가하처재, 목동요지행화'는 당나라 시인 두목杜牧의 〈청명淸明〉에 등장하는 시구로서, 그 작품은 다음과 같다.

〈청명淸明〉[1] － 두목杜牧[2]

---

1 청명淸明 : 24절기 가운데 하나로서 양력 4월 5일경. 날씨가 맑고 깨끗하여 만물이 소생하는 때라고 해서 '청명'이라고 한다. 농가에서는 이때부터 밭 갈고, 씨 뿌리며 한 해 농사를 준비한다. 중국의 청명절은 가족이 모여 성묘하고 조상에게 제사 지내는 날이기도 하다.
2 두목杜牧(803-853) : 자는 목지牧之, 호는 번천樊川. 경조부京兆府 만년현萬年縣(陝西省 西安市) 출생. 이상은李商隱과 더불어 이두李杜로 불리며, 두보에 견주어 소두小杜라는 별칭으로 일컬어진다. 중국 만당전기晚唐前期의 시인으로 산문과 시가 창작에 뛰어났으며, 근체

淸明時節雨紛紛　　청명절 비는 부슬부슬 내리고
路上行人欲斷魂　　길 가는 행인의 마음이 들뜬다
借問酒家何處在　　술집은 어느 곳에 있는가 물으니
牧童遙指杏花村　　목동이 저 멀리 살구꽃 핀 마을을 가리키네

　청명절淸明節은 가족들이 모여 성묘도 하고, 제사도 지내고, 교외 나들이도 하는 즐거운 절기이다. 하지만 고향을 떠난 나그네의 입장에서는 고향 생각에 더욱 외롭고 힘든 날이 될 수밖에 없으리라. 다른 사람들은 옹기종기 모여 정담을 나누는 청명절, 객지를 떠도는 것도 서러운데 비까지 부슬부슬 내린다. 빗길 걷기마저 힘들고 괴로워서 혼마저 빠져나갈 지경이 된 나그네가, 쉬어갈 주막을 묻는 세 번째 시구에서 반전이 이루어진다. 지나가던 목동에게 길을 물으니 주막 쪽을 가리키는데, 살구꽃 만발한 마을이다. 그 곳에 가면 나그네들 서로 정담이라도 나눌 수 있으려니, 어디 간들 마음 붙이는 곳이 모두 고향이 아니겠는가?

　한식寒食과 청명절을 언급하자면, 진晉나라 때 중이重耳와 개자추介子推의 일화를 떠올리게 된다. 동지로부터 105일째 되는 날이 한식이고, 그 이틀 뒤가 청명이다. 한식날에는 나라에서는 종묘宗廟와 각 능원陵園에 제향祭享을 지내고, 민간에서도 성묘를 한다. 이 두 명절은 춘추시대 진의 문공文公인 중이가 개자추를 애도한 고사에서 비롯된 것이다.

　중이가 왕위에 오르기 전 다른 나라를 전전하다가 굶주림을 견디지 못하고 쓰러지자, 신하였던 개자추가 자신의 허벅지 살을 베어 중이에게 삶아 주었다. 그 후 중이는 왕위에 올라 진의 문공이 되었는데, 개자

시近體詩 특히 칠언절구七言絶句에 뛰어났다. 대표작으로 〈아방궁부阿房宮賦〉, 〈강남춘江南春〉 등과 《번천문집樊川文集》(20권) 등이 있다.

추에 대한 포상을 잊고 말았다. 굳이 자신의 공을 내세우기를 원하지 않았던 개자추는 어머니와 함께 면산綿山에 은거했다. 수 차례에 걸쳐 개자추를 불러들이려 했으나 매번 이를 거절하자, 중이는 신하들에게 산에 불을 지르도록 했다. 효자로 소문난 개자추가 어머니의 안전을 위해서라도 산에서 내려올 것이라고 기대했던 것이다.

　그러나 개자추 모자는 중이의 기대와는 다르게 커다란 나뭇가지를 끌어 안은 채 불에 타 죽었다. 그 버드나무 구멍 속에는 앞으로 정치를 청명淸明하게 펼쳐 주기를 요청하는 혈서가 남아있었다. 문공은 눈물을 흘리며 뒤늦게 탄식을 했고, 개자추를 추모하기 위해 산에 불을 놓은 그 날을 한식이라 정하고, 이 날만은 불을 피우지 말고 찬밥을 먹도록 했다. 이러한 전통이 확산되어 당·송대 이후부터는 한식에서 청명절까지의 3일 동안 성묘를 하고 조상을 애도하는 전통이 자리잡아 지금까지 이어져 오고 있다.

57

창오산붕상수절蒼梧山崩湘水絶이라야
죽상지루내가멸竹上之淚乃可滅

> 춘향이 이 말 듣고 궤좌跪坐하여 여짜오되, "첩이 비록 무식하오나, 고서古書를 일찍 보오니 부인의 높은 명망名望 온 천하에 낭자狼藉키로, 어찌하여 속히 죽어 존안尊顏을 앙대仰對헐꼬 주야불망晝夜不忘하였더니, 오늘날 황릉묘黃陵廟에 뵈오니 이제 죽어 한이 없나이다."
> 부인이 이른 말씀,
> "네가 우리를 안다 허니 나의 설움을 네 들어라. 우리 성군聖君 유우씨有虞氏가 남순수南巡狩허시다가 창오산蒼梧山에 붕崩하심에, 속절없는 이 두 몸이 소상강瀟湘江 대수풀에 피눈물을 뿌려내니, 가지마다 아롱지고 잎잎이 원혼冤魂이라. **창오산붕상수절蒼梧山崩湘水絶이라야 죽상지루내가멸竹上之淚乃可滅이라.** 천추千秋의 깊은 한을 어느 때나 잊을거나?"
>
> <옥중가> 중 '꿈에 황릉묘黃陵廟 가는 데'

춘향이가 옥중 꿈속에서 황릉묘를 찾아가니, 덕망 있는 부인이 자기가 죽게 된 한과 설움을 들려주며 '창오산붕상수절蒼梧山崩湘水絶이라야 죽상지루내가멸竹上之淚乃可滅이라'고 말한다. 이는 '창오산이 무너지고 상강 물이 없어져야, 비로소 대나무 위에 뿌려진 눈물이 마르리'라는 뜻으로, 천추의 한을 잊지 못할 것임을 비유적으로 표현하고 있다.

꿈속에서 춘향이 황릉묘를 찾아 순임금의 비妃였던 아황娥黃과 여영女英과 대화를 나누는 장면이다. 남방을 순수하던 순임금이 붕어하여 창오산에 묻히자, 상수湘水에서 서로 붙들고 슬피 울다가 강에 몸을 던져 순임금의 뒤를 따랐던 아황과 여영의 역사적 사실, 눈물이 대나무에 얼룩으로 남아있다는 상비죽湘妃竹 또는 소상반죽瀟湘斑竹은 남편을 따라 죽은 아황과 여영의 절개를 상징한다. 이처럼 춘향은 황릉묘에서 순임금의 비인 아황, 여영과의 대화를 통해 자신의 결연한 절개의 의지를 피력하고 있다.

"창오산붕상수절, 죽상지루내가멸'은 당대 시인 이백의 〈원별리〉[1]의 마지막을 장식하는 시구이다.

〈원별리遠別離〉 - 이백李白[2]

遠別離 (원별리)	머나 먼 이별이여
古有皇英之二女 (고유황영지이녀)	옛날에 아황과 여영 두 여인이 있었다네
乃在洞庭之南 (내재동정지남)	동정포의 남쪽
瀟湘之浦 (소상지포)	소수瀟水와 상수湘水 포구에서 헤어졌네
海水直下萬里深 (해수직하만리심)	호수 아래 만 리 깊은 곳에
誰人不言此離苦 (수인불언차리고)	누가 이별의 고통을 말하지 않으리오
日慘慘兮雲冥冥 (일참참혜운명명)	해는 희미하고 구름은 아득한데
猩猩啼烟兮鬼嘯雨 (성성제연혜귀소우)	원숭이는 안개 속에 울고 귀신은 빗속에서 소리 지르네

---

1 《이태백집李太白集》 권2 〈악부樂府·원별리遠別離〉.
2 이백李白(701-762) : 자 태백太白. 호 청련거사靑蓮居士. 두보杜甫와 함께 '이두李杜'로 병칭되는 중국의 대표 시인이며, 시선詩仙이라 불린다. 그의 생애는 분명하지 못한 점이 많아, 생년을 비롯하여 상당한 부분이 추정에 의존하고 있다. 그의 집안은 감숙성甘肅省 농서현隴西縣에 살았으며, 아버지는 서역西域의 호상胡商이었다고 한다. 출생지는 현재의 사천성四川省 창명현彰明縣 또는 더 서쪽의 서역으로 추정된다. '적선인謫仙人(유배당한 신선)'이라 평한 하지장賀知章 등과 술에 빠져 '술 속의 팔선飮中八仙으로 유명하다. 1,100여 편의 작품이 현존한다. 현존하는 이백시문집은 송대宋代에 편집된 것이며, 주석집으로는 원대 소사빈蕭士贇의 《분류보주 이태백시分類補註李太白詩》, 청대 왕기汪琦의 《이태백전집李太白全集》 등이 있다.

我^아縱^종言^언之^지將^장何^하補^보	내가 말한다 해도 무슨 도움이 되리오
皇^황穹^궁竊^절恐^공不^불照^조余^여之^지忠^충誠^성	하늘이 남몰래 나의 충성심을 비춰주지 않을까 걱정하며
雷^뇌憑^빙憑^빙兮^혜欲^욕吼^후怒^노	천둥이 우르릉 노하여 포효하려 하네
堯^요舜^순當^당之^지亦^역禪^선禹^우	요임금은 순임금에게 또한 우임금에게 선양했네³
君^군失^실臣^신兮^혜龍^룡爲^위魚^어	임금은 신하를 잃었고 용이 물고기가 되고
權^권歸^귀臣^신兮^혜鼠^서變^변虎^호	권세는 신하에게 내리고 쥐가 호랑이로 변했네
或^혹言^언堯^요幽^유囚^수舜^순野^야死^사	요임금은 감옥에 갇히고 순임금은 들에서 죽었다고 하는데
九^구疑^의聯^련綿^면皆^개相^상似^사	구의산은 연면히 이어져 모두 그대로이고
重^중瞳^동孤^고墳^분竟^경何^하是^시	순임금의 외로운 묘는 결국 어디에 있는가?
帝^제子^자泣^읍兮^혜綠^녹雲^운間^간	아황과 여영은 푸른 구름사이에서 울다가
隨^수風^풍波^파兮^혜去^거無^무還^환	바람과 물결 따라 가버리고 돌아오지 않는구나
慟^통哭^곡兮^혜遠^원望^망	멀리 바라보며 슬피 울고
見^견蒼^창梧^오之^지深^심山^산	창오의 깊은 산을 바라보네
蒼^창梧^오山^산崩^붕湘^상水^수絶^절	창오산이 무너지고 상강의 물이 끊어질 때야
竹^죽上^상之^지淚^루乃^내可^가滅^멸	대나무의 눈물 자국도 말라 버릴 테니

호남성의 동정호洞庭湖 일대에서 소수瀟水와 상수湘水의 합류지점 일대는 옛날부터 경치가 아름다운 곳으로 알려져 있다. 이곳에는 대나무

3　선양禪讓 : 군주가 혈연관계 아닌 사람에게 왕위를 물려주는 것을 말한다. 중국 역사에서 특징적인 왕조 교체의 형태 가운데 하나이다. 중국의 신화시대 성천자聖天子로 일컬어지는 요堯·순舜·우禹가 차례로 왕위를 물려주었다는 전설에서 탄생한 개념이다. 실제 역사 속에서는 이상적인 형태의 원래 개념과 달리 강요에 의한 왕조 교체의 전형으로 이용되었다.

와 관련된 슬픈 전설이 《박물지博物志》와 《술이기述異記》 등에 전해지고 있다. 중국의 전설적 임금인 요堯는 자기의 후계자로 인망이 두터운 순舜을 선정하여 두 딸 아황娥皇과 여영女英을 맡겼다. 치세治世의 영웅이었던 순은 남방의 각지를 순행하다가 창오蒼梧의 들판에서 세상을 떠났다. 이 소식을 접한 두 사람의 비는 급히 달려와 순임금이 묻힌 창오산으로 가려고 하였으나 뜻을 이루지 못하고, 상수湘水에서 서로 붙들고 슬피 울다가 강에 몸을 던져 순임금의 뒤를 따랐다. 이때 흐르는 눈물을 손으로 닦아 강가의 대나무에 뿌렸는데, 그것은 피눈물이 되어 마디마디에 아롱아롱 얼룩이 지더니, 이상하게도 그때부터 상포湘浦의 대나무는 모두 얼룩대 즉, 반죽斑竹이 되었다고 한다. 이것이 이 지역에서 생산되는 상비죽湘妃竹 또는 소상반죽瀟湘斑竹이라고 일컬어지는 대나무인데, 남편을 따라 죽은 아황과 여영의 절개를 상징하게 되었다고 한다.[4]

후대에 오면서 순임금의 두 아내를 이비二妃 · 상부인湘夫人 또는 상비湘妃 등의 이름으로 부르며 기리게 되었고, 이 반죽의 절개라는 상징성도 그 활용 범위가 일반적인 대나무까지 확대되고, 그 대상 또한 충신 · 의사 · 열사 등으로 확장되어 갔다. 또한 오늘날의 얼룩대 즉, 반죽은 이 소상반죽을 옮겨 심어서 세상에 퍼졌다고 한다.[5]

---

4 《중국역대서화총서》, 아황과 여영.
5 소상반죽瀟湘斑竹 : 《꽃으로 보는 한국문화》 3, ㈜넥서스, 2004. 3. 10.

58

천고일월명天高日月明,
지후초목생地厚草木生

> 도련님이 실성발광失性發狂이 되어 마음잡을 길 없어 만권서책萬卷書冊을 들여놓고 노루 글로 펄쩍펄쩍 뛰어 읽던 것이었다.
> "맹자견양혜왕孟子見梁惠王하신대, 왕왈王曰, 수불원천리이래叟不遠千里而來허시니 역장유이리오국호亦將有以利吾國乎이까? 천명지위성天命之謂性이요. 솔성지위도率性之謂道요, 수도지위교修道之謂敎니라. 대학지도大學之道는 재명명덕在明明德하며, 재신민在新民허며 재지어지선在止於至善이니라. 마상馬上에 봉한식逢寒食허니, 도중途中에 속모춘屬暮春이라. 칠월류화七月流火어든 구월수의九月授衣로다. 천고일월명天高日月明이요, 지후초목생地厚草木生이라. 가갸거겨."[1]
>
> <천자 뒤풀이>

'천고일월명天高日月明, 지후초목생地厚草木生'은 《추구推句》 첫 부분에 나오는 문구로서, '하늘이 높으니 해와 달이 밝고, 땅이 두터우니 풀과 나무가 자라도다'라는 뜻이다. 아이들이 길거리에서 읊어대는 문장을 방년 18세에 이른 이도령이 읊어대는 것을 생각하면, 춘향이 생각에 글공부에 관심조차 없는 이도령의 명한 모습에 한바탕 웃지 않을 수 없게 만드는 대목이라고 아니 할 수 없다.

'천고일월명, 지후초목생'이 등장하는 《추구》의 한 대목은 다음과 같다.

---

1 「19. 마상馬上에 봉한식逢寒食이요」에 인용된 대목.

《추구推句》

天高日月明 하늘이 높으니 해와 달이 밝고
地厚草木生 땅이 두터우니 풀과 나무가 자라도다
月出天開眼 달이 나오니 하늘이 눈을 뜬 것 같고
山高地擧頭 산이 높으니 땅이 머리를 든 것 같다[2]

《추구》는 오언五言으로 된 시 가운데 훌륭한 대구對句들을 뽑아 엮은 책으로서 초학初學의 교재이다. 저자는 미상이고, 편찬 연대는 조선후기로 추정되며, 비교적 다양한 필사본이 있다. 이 책은 좋은 시구에 대한 학습을 통해 어린이들의 정서 함양과 사고력 발달 및 시부詩賦의 이해와 문장력 향상을 목적으로 지어진 것으로, 근자에도 널리 활용되고 있다.

도연명 같은 유명한 시인의 작품에서 뽑은 것도 있고, 또 기존의 칠언七言 가운데 임의로 오언으로 바꾼 것도 있다. 첫머리에 '천고일월명天高日月明'으로 시작하기 때문에 일명 《천고담天高談》이라고도 일컬어진다. 천지자연과 인간에 관한 것과 화조월석花朝月夕, 그리고 맨 끝에는 권학의지勸學意志를 고취하는 내용으로 구성되어 있다.

---

2 성백효成百曉 역주譯註, 《현토완역懸吐完譯 추구推句·계몽편啓蒙篇》, 전통문화연구회, 1998.

59

천리강릉千里江陵 늦어간다,
조사백제朝辭白帝 채운彩雲이 왔느냐

> "천리강릉千里江陵 늦어간다, 조사백제朝辭白帝 채운彩雲이 왔느냐?"
> "예, 등대等待허였소."
>
> 김세종 바디 <기생 점고>

'천리강릉千里江陵 늦어간다, 조사백제朝辭白帝 채운이 왔느냐'라는 구절은 호장戶長이 기생을 점호하는 대목이다. 이 문장은 이백李白의 시 <조발백제朝發白帝>의 앞 두 구절 가운데 일부를 발췌하여 기생 채운이를 소개하고 있다.

이백의 <조발백제>는 다음과 같다.

<조발백제朝發白帝> ― 이백李白

朝辭白帝¹彩雲間 아침노을 고울 때 백제성을 떠나
千里江陵²一日還 천리 물길 강릉을 하루에 닿았네
兩岸猿聲啼不住³ 오는 길의 양쪽 기슭 원숭이 울음 뒤로 밀리고

---

1 백제白帝 : 중경시重慶市와 호북성湖北省 사이의 무협巫峽 부근에 있는 백제성白帝城을 말함.
2 강릉江陵 : 지금의 호북성 형주시荊州市.
3 제부주啼不住 : 원숭이 울음소리가 한 곳에서 계속 들리지 않고 없어져 버림. 배가 빨리 달리는 모양을 강조한 표현이다.

_{경 주 이 과 만 중 산}
輕舟已過萬重山   내닫는 가벼운 배는 만 겹 겹친 산들을 이미 지났더라

〈조발백제〉는 이백의 대표작으로 손꼽히는 명작 가운데 한 편이다. 백제성에서 무협을 거쳐 호북성의 강릉까지 이어지는 뱃길은 천 3백 여리에 이르고, 그 가운데 골짜기 길이만 해도 7백 리나 되는 먼 거리이다. 그 머나먼 길을 아침에 떠나 하루에 닿았다 하니, 강물 흐르는 속도의 빠름과 함께 배가 얼마나 빨리 떠내려가는가를 짐작할 수 있다. 이러한 속도감으로 인해 가벼이 나아가는 배 즉, '경주輕舟'라고 표현하고, 나아가 원숭이 울음이 자꾸 뒤로만 밀린다고 노래했던 것이다. 아침노을, 빠른 강 흐름과 똑같이 내달리는 배, 산으로 첩첩이 쌓인 강언덕 등 아름답게 펼쳐지는 정경 속에 정감을 구성하는 서경敍景 중심의 작품이다.[4]

---

4   〈조발백제朝發白帝〉: 아침 일찍 백제성을 떠나다. 《한시작가작품사전》, 국학자료원, 2007. 11. 15.

60

천지지간天地之間 만물지중萬物之中에 유인唯人이 최귀最貴하나니라

> 천지지간天地之間 만물지중萬物之中에 유인唯人이 최귀最貴하나니라.
>
> 김연수 바디 <천자 뒤풀이>

    이 문장은 하늘과 땅 사이 모든 만물 중에 오직 사람이 가장 귀하다는 뜻으로, 조선 초기 학자 박세무朴世茂가 지은 《동몽선습童蒙先習》[1]에서 차용한 문장이다. '동몽'은 아무것도 모르는 어린아이, 어려서 사리에 어두운 아이, 미성년의 소년을 말하고, '선습'은 먼저 배운다는 말로 교육을 받는 어린아이가 먼저 배워야 하는 내용을 담은 책이라는 뜻이다. 《천자문千字文》의 기본적인 한자를 익힌 어린아이가 본격적인 공부를 시작하면서 가장 먼저 보았던 책이었다고 알려져 있다.

    《동몽선습》의 첫 문장은 '천지지간天地之間 만물지중萬物之中 유인최귀唯人最貴'로 시작한다. 먼저, 《동몽선습》 서문의 첫 문장을 살펴보면 다

---

[1] 《동몽선습童蒙先習》: 조선 중기 유학자인 박세무朴世茂(1487-1564)가 초학자 아동을 위해 지은 책. 조선시대 어린이를 위한 교재 가운데 가장 이른 시기의 저작으로, 초학자 아동들이 《천자문千字文》 학습 이후에 학습하던 대표적인 교재였다. 민간은 물론 왕실의 왕세자 교재로도 활용되었다. 초학 교재 가운데 영조가 영조 8년(1759) 직접 쓴 어제서문御製序文 과 우암尤庵 송시열宋時烈의 발문을 실어 중간하였다. 《동몽선습》은 서론序論, 부자유친父子有親, 군신유의君臣有義, 부부유별夫婦有別, 장유유서長幼有序, 붕우유신朋友有信, 총론總論으로 구성되어 있다.

음과 같다.

$$\underset{\text{천 지 지 간}}{\text{天地之間}} \underset{\text{만 물 지 중}}{\text{萬物之中}} \underset{\text{유 인}}{\text{惟人}} \underset{\text{최 귀}}{\text{最貴}} \underset{\text{소 귀 호 인 자}}{\text{所貴乎人者}} \underset{\text{이 기 유 오 륜 야}}{\text{以其有五倫也}}$$
$$\underset{\text{시 고}}{\text{是故}} \underset{\text{맹 자 왈}}{\text{孟子曰}} \underset{\text{부 자 유 친}}{\text{父子有親}} \underset{\text{군 신 유 의}}{\text{君臣有義}} \underset{\text{부 부 유 별}}{\text{夫婦有別}} \underset{\text{장 유 유 서}}{\text{長幼有序}} \underset{\text{붕 우 유 신}}{\text{朋友有信}}$$

천지간 만물 가운데 오로지 사람이 가장 귀한 것이요, 사람이 귀한 것은 사람에게 오륜이 있기 때문이다. 이러하기 때문에 맹자가 말하기를, "아버지와 자식간에는 친함이 있고, 임금과 신하간에는 의리가 있고, 부부간에는 구별됨이 있고, 어른과 어린 사람간에는 질서가 있고, 친구간에는 믿음이 있다."라고 했다.

　인간의 존엄성을 인식하는 것이 교육의 출발점에서 삶의 근본이 된다는 것을 가르치고자 했던《동몽선습》의 저자 박석무의 교육 목적인 것이다. 나아가 서론序論, 부자유친父子有親, 군신유의君臣有義, 부부유별夫婦有別, 장유유서長幼有序, 붕우유신朋友有信, 총론總論으로 구성된《동몽선습》을 통해서도 인간의 인간다운 모습은 바로 삼강오륜에 입각한 유가적 질서를 확립하는 것이라는 생각의 틀을 발견할 수 있다.
　이밖에도 박인로朴仁老의 시조와《환단고기桓檀古記》에도,《동몽선습》서문의 첫 문장에도 '천지지간, 만물지중, 유인최귀'가 그대로 수록되어 있다.

61

천추만세千秋萬歲

> '신관 사또 도임到任 후에 수청守廳 들라 허옵기로, 저사모피抵死謀避허옵다가 참혹한 악형을 당하야, 모진 목숨이 끊치든 아니허였사오나, 미구未久에 장하지혼杖下之魂이 될 터이오니, 바라건대 서방님은 길이 만종록萬鍾祿을 누리시다, **천추만세千秋萬歲** 후 후생에나 다시 만나, 이별 없이 살겠내다.'[1]
>
> <춘향 편지>

    중국 고전 시가의 최고봉이라고 일컬어지는 위대한 시인 이백과 두보는 동시대를 살아가며 활동했다. 시선詩仙 이백과 시성詩聖 두보는 중국 문학사에서 두 사람의 성씨만을 합하여 '이두李杜'라고 이름한다. 두보가 이백보다 11살이 어렸지만, 두 시인은 재능과 학문을 존중하고, 시문을 주고받으며 서로를 존경했다.

    이백이 한림공봉翰林供奉으로 재직하다가 궁궐에서 물러나서 낙양에서 노닐고 있을 때, 두보는 젊은 시절 과거에 낙방하고 난 뒤에 천하를 돌아다니며 견문을 넓히고 있던 시기였다. 따라서 이백은 이미 그의 문학적 재능으로 인해 천하에 이름을 떨치고 있을 때였으며, 두보는 아직 자신의 이름을 세상에 드러내지 못한 상황이었다. 이러한 서로 다른 여건 속에서 두 사람이 각자를 대하는 마음가짐은 완전히 달랐을

---

[1] 「49. 일함정루홍유습—緘情淚紅猶濕이요 만지춘수묵미건滿紙春愁墨未乾」에 인용된 다음 대목.

것이다. 두보는 이백을 거의 우상으로 숭배할 정도로 우러러 보았지만, 이백에게 있어서 두보는 아직은 한낱 미래를 준비하는 문인에 불과했을 것이다.

　시성 두보와 시선 이백은 744년 봄에 기적과도 같은 만남을 이룬다. 두 사람은 의기투합하여 자주 만나 술을 마시고, 사방을 유람하면서 나이를 잊은 우정을 과시한 것은 널리 알려진 사실이다. 이들은 이듬해에 다시 한 번 더 당시 유명한 문인이었던 고적高適 등과 함께 산동에서 만나서 어울려 노닌 후 헤어지고는 영영 만나지 못하였다. 하지만 두보는 항상 이백을 흠모하면서 그를 그리워하는 시를 지었다. 현재 그들이 서로를 위해 지은 시는 두보의 시는 10여 수 정도 남아있고, 이백의 시는 3수가 남아있다.

　두보를 시성이라 일컫는 바와 같이, 이백의 호탕한 낭만적 기질을 좋아하고 적지 않은 영향을 받았지만, 그 스스로는 유가적 본성을 저버리지 않았다. 즉, 시선으로 일컬어지는 이백이 도가의 신선이라면, 두보는 유가의 전형적인 유생이었다. 국운이 융성하던 당대 현종玄宗의 치세 시기인 천보년간天寶年間 장안을 배경으로 신선처럼 활동하며 명성을 구가하는 하지장賀知章을 비롯한 이백 등을 팔선八仙이라 일컬어졌다. 두보의 〈음중팔선가飮中八仙歌〉에는 당시 장안에서 명성을 떨치던 하지장과 이백으로 대표되는 '음중팔선'에 대한 부러움 가득한 시선은 물론, 신선과도 같은 풍모의 시선 이백에 대한 존경을 담아내고 있다.

　두보의 〈음중팔선가〉 가운데 소진과 이백을 노래한 부분은 다음과 같다.

〈음중팔선가飮中八仙歌〉[2] - 두보杜甫[3]

(중략)

蘇晉長齋繡佛前 (소진장재수불전)	소진은 수놓은 부처 앞에서 오랫동안 정진하다가도
醉中往往愛逃禪 (취중왕왕애도선)	취하면 때때로 참선을 파하기를 즐겨하곤 하네
李白一斗詩百篇 (이백일두시백편)	이백은 술 한 말에 시詩 백 편을 쓰는데
長安市上酒家眠 (장안시상주가면)	장안 저자 술집에서 곯아떨어지기 일쑤
天子呼來不上船 (천자호래불상선)	천자가 불러도 배에 오르지 않고
自稱臣是酒中仙 (자칭신시주중선)	스스로 "신은 술 마시는 신선이다"라고 말하네

두보의 〈음중팔선가〉는 소인騷人과 묵객墨客들의 사랑을 받아 왔으며, 술 마시면서 천자의 부름에도 응하지 않는 이백의 자유분방한 면모와 하늘이 내린 천재적 문학 재능을 부각시킨 작품으로도 이름이 높다. 특히 "이백일두시백편李白一斗詩百篇"은 후세까지도 많은 사람들의 입에 오르는 유명한 시구이다.

이백은 744년 낙양에서 두보를 만난 후 하남河南 양송梁宋에서 재회했고, 755년 산동성 노군魯郡에서 다시 재회하게 된다. 당시 노군 동쪽

---

[2] 음중팔선飮中八仙은 당대 현종 개원년간改元年間 장안을 무대로 명성을 떨치던 하지장賀知章, 소진蘇晉, 이진李璡, 이적지李適之, 최종지崔宗之, 장욱張旭, 초수焦遂, 이백李白 등 8인을 말한다.

[3] 두보杜甫(712-770) : 자 자미子美, 호 소릉少陵. 중국 최고의 시인으로서 시성詩聖이라 불렸으며, 또 이백李白과 병칭하여 이두李杜라 일컫는다. 본적 호북성湖北省 양양襄陽이고, 하남성河南省 공현鞏縣에서 태어났다. 먼 조상은 진대晉代의 위인 두예杜預이고, 조부는 초당기初唐期의 시인 두심언杜審言이다. 시성詩聖이라 불리우며, 그의 작품은 시로 표현된 역사라는 뜻으로 시사詩史로 일컬어진다. 주요 작품에는 〈북정北征〉, 〈추흥秋興〉, 〈삼리삼별三吏三別〉, 〈병거행兵車行〉, 〈여인행麗人行〉 등이 있다. 그 밖에 북송北宋 왕수王洙의 《두공부집杜工部集》 20권과 1,400여 편의 시, 그리고 약간의 산문이 전한다.

석문石門에서 헤어질 때 이백은 〈노군동석문송두이보魯郡東石門送杜二甫〉를 지은 것으로 알려져 있다.

〈노군동석문송두이보魯郡東石門送杜二甫〉[4] – 이백李白

醉別復幾日	이별주에 취한 지 며칠인가
登臨徧池臺	산과 연못을 찾아 두루 편력했네
何時石門路	어느 때쯤 석문 가는 길에서
重有金樽開	다시 술 단지를 열어 볼 수 있을까?
秋波落泗水	가을의 물은 사수에 흐르고
海色明徂來	바다색 푸른빛이 조래산을 비추는데
飛蓬各自遠	흩날리는 쑥처럼 절로 멀어지겠네
且盡手中杯	손에 든 이 잔이나 비워버리세

757년 영왕永王 이린李璘의 막료로 가담했다는 이유로 이백이 강남 야랑夜郎에 유배된 이후 소식이 끊기자, 평소에 깊은 존경과 우의를 품고 있던 두보가 생사조차 알 수 없었던 이백을 꿈에서 보고 지은 작품이 바로 〈몽이백夢李白〉이다. 이백과 두보의 변치 않는 우정을 노래한 이 작품에는 후세에 길이 남을 불후의 우정을 표현하고 있다.

'천추만세千秋萬歲'는 두보杜甫의 〈몽이백〉에 등장하는 시구이다. 이 작품은 건원建元 2년(759) 두보가 진주秦州에 머물며 이백을 그리워하며 지은 것으로, 2수로 구성되어 있다. 〈몽이백〉 기일은 다음과 같다.

---

4 두보가 둘째 아들이라 이백이 두이보杜二甫라고 일컬음.

〈몽이백夢李白〉 기일其一 – 두보杜甫

死別已吞聲	사별 후의 이별은 소리마저 삼켜버리나
生別常惻惻	생이별 뒤는 항상 슬프기만 하구나
江南瘴癘地	강남은 열병이 많은 땅인데
逐客無消息	귀양 간 그대는 소식 없어라
故人入我夢	옛 친구 꿈속에 나타나
明我長相憶	나를 반기니 서로가 오랫동안 그리워했기 때문이라
君今在羅網	그대는 지금 갇혀 있는 신세거늘
何以有羽翼	무슨 일로 날개를 달았는가
恐非平生魂	평상시 그대 모습 아니거니
路遠不可測	길이 멀어 확인 할 수조차 없어라
魂來楓林青	혼백이 올 적엔 단풍나무 숲 푸르렀는데
魂返關塞黑	혼백이 돌아가니 변방의 관문도 어두워지네
落月滿屋梁	지는 달빛 집 마루에 가득하여
猶疑照顏色	여전히 그대 얼굴색을 비추고 있네
水深波浪闊	물은 깊고 물결이 드넓으니
無使蛟龍得	이무기나 용에게 잡히지 마소서

〈몽이백〉 기일은 꿈에 찾아 온 이백의 혼백을 만나지만 이백의 생사를 확인할 수 없는 더할 나위 없는 애절함을 그려내고 있다. 달을 보며 이백의 생존을 염원하는 두보의 애틋한 심정을 절실히 드러내고 있는 작품이다.

〈몽이백〉 기이는 다음과 같다.

〈몽이백夢李白〉 기이其二 　─ 두보杜甫

浮雲終日行	뜬 구름 종일토록 하늘을 떠다녀도
遊子久不至	떠난 친구는 오래도록 오지 않네
三夜頻夢君	한 밤에 자주 그대를 꿈속에서 보니
情親見君意	간절한 우정으로 그대의 마음을 알게 되었네
告歸常局促	돌아간다 말할 때 항상 조급하고 불안하니
苦道來不易	돌아오기 어렵다 힘들여 말하네
江湖多風波	강호에 풍파 잦고
舟楫恐失墜	배 젓는 노 떨어뜨릴까 걱정되네
出門搔白首	문 나서며 흰머리 긁는 모습은
若負平生志	평생의 장한 뜻마저 저버린 듯하네
冠蓋滿京華	높은 벼슬아치들 서울에 가득한데
斯人獨憔悴	이 사람 내 친구만 홀로 수척한 얼굴이네
孰云網恢恢	누가 말했나, 하늘의 그물이 한없이 넓다고
將老身反累	늙어서 일신이 도리어 법망에 걸려들었네
千秋萬歲名	천추만년 세월에 이름을 남긴다고 해도
寂寞身後事	모두 적막한 죽은 뒤의 일이라네

〈몽이백〉 기이는 전반부에서는 꿈에 나타난 이백과의 독실한 우정, 꿈속에서라도 오가기 힘든 이백의 현실 등 꿈속의 정경을 표현했고, 후반부에서 하늘의 이치가 있다면 살아서 보상을 받아야 한다는 개탄 속에 이백의 심사를 대변하는 것으로, 꿈에서 깨어난 두보의 애절한 정회情懷를 그려내고 있다.

두보는 시성 즉, 시의 성인이라고 일컬어지는 바와 같이, 시가 창작에서도 불후의 명작을 남기지 못하면 죽어서도 쉴 수 없다는 엄격한 창작정신을 실천한 시인으로 유명하다.[5] 천 년, 만 년 세월에도 이름을 떨친 이백에 대한 높은 평가는 물론, 이백이 유배에서 벗어나 자유를 얻고 현실세계에서 시문으로 득의하기를 기원하는 두보의 간절한 심정을 절실하게 표현하고 있다.

---

5   두보의〈강상치수여해세연단술江上値水如海勢聯短述〉: '위인성벽탐가구爲人性僻耽佳句 어불경인사불휴語不驚人死不休'. '내 사람됨이 편벽하여 아름다운 구절을 탐하나니, 내 말이 사람을 놀래키지 못한다면 죽어서도 쉴 수 없으리라.'

62

행궁견월상심색行宮見月傷心色,
춘풍도리화개야春風桃李花開夜,
야우문령단장성夜雨聞鈴斷腸聲

> "이별 기별幾別 오기 전에 주련柱聯 한 장 쓰시기를, '시련유죽산창하始憐幽竹山窓下에 불개청음대아귀不改淸陰待我歸'를 붙여두고 보라기에 심상尋常히 알았더니, 이제 와서 생각을 하니 이별을 당할라고 시참詩讖으로 쓰셨던가? 님의 생각이 점점 나네. **행궁견월상심색**行宮見月傷心色의 달만 비쳐도 임의 생각. **춘풍도리화개야**春風桃李花開夜에 꽃만 피어도 임의 생각. **야우문령단장성**夜雨聞鈴斷腸聲에 비 죽죽 와도 임의 생각. 추절秋節 가고 동절冬節이 오면, 명사벽해明沙碧海를 바라보고 뚜루루루루 길룩 울고 가는 기러기 소리에도 임의 생각. 앉아 생각, 누워 생각, 생각 그칠 날이 없어, 모진 간장에 불이 탄들, 어느 물로 이 불을 끌거나? 아이고, 아이고, 아이고, 내 일이야."
> 이리 앉아 울음을 울며 세월을 보내는구나.[1]
>
> <상사가相思歌>

춘향이가 무엇을 본들 이도령 생각이 나지 않을까? 달을 보아도, 꽃을 보아도 그리고 방울소리 같이 내리는 빗소리를 들어도 이도령이 생각날 터. '행궁견월상심색行宮見月傷心色, 춘풍도리화개야春風桃李花開夜, 야우문령단장성夜雨聞鈴斷腸聲'은 '행궁에서 보는 달에 마음 절로 상하고, 봄바람에 복숭아며 살구꽃이 만발한데, 밤비에 들리는 방울소리는 애간장 끊어지는 소리'라고 풀이할 수 있다.

이는 당대 시인 백거이白居易의 <장한가長恨歌>에 나오는 시구로서, 춘향이와 이도령의 사랑을 중국 최고의 낭만적인 사랑, 사랑의 최고봉

---

[1] 「25. 불개청음不改淸陰」에서 인용된 대목.

이라고 일컬어지는 현종과 양귀비의 사랑에 빗대어 인용함으로써, 질곡 많은 춘향과 이도령의 사랑이야기에 낭만과 기품을 더해주고 있다.

백거이의 〈장한가〉는 현종玄宗 황제와 양귀비楊貴妃의 비극적인 사랑에 관한 내용으로, 모두 4장으로 구성 되어 있다. 제1장은 권력의 정상에 있는 황제와 절세가인 양귀비의 만남과 양귀비에게 쏟는 현종황제의 지극한 애정을 노래하였다. 제2장에서는 안록산安祿山의 난으로 몽진蒙塵하는 길에 양귀비를 어쩌다 죽게 한 뉘우침과 외로움으로 가슴이 찢어지는 황제의 모습을 그렸다. 제3장은 환도還都 후 양귀비 생각만으로 지내는 황제를 묘사한다. 제4장에서는 도사의 환술幻術로 양귀비의 영혼을 찾아, 미래에서의 사랑의 맹세를 확인하게 되었으나, 천상天上과 인계人界의 단절 때문에 살아 있는 한 되씹어야 할 한탄이 길게 여운을 남긴다.

〈장한가長恨歌〉 —백거이白居易[2]

漢皇重色思傾國	한 황제 사랑 그리워함에 나라는 기울어가네
御宇多年求不得	오랜 세월 세상을 살펴도 구할 수 없구려
楊家有女初長成	양씨 가문에 갓 장성한 딸이 있었으니
養在深閨人未識	깊숙한 규방에서 자라 누구도 알지 못하나

---

[2] 백거이白居易(772-846) : 자는 낙천樂天, 호는 취음선생醉吟先生·향산거사香山居士. 본적은 산서성山西省 태원太原이며, 낙양洛陽 부근의 신정新鄭에서 출생했다. 이백李白이 죽은 지 10년, 두보杜甫가 죽은 지 2년 후에 태어났고, 같은 시대의 한유韓愈와 더불어 '이두한백李杜韓白'으로 병칭된다. 800년 29세로 진사進士에 급제하였고, 32세에 황제의 친시親試에 합격하였으며, 그 무렵에 〈장한가長恨歌〉를 지었다. 현존하는 작품 수는 3,800여 수이고, 그 중에서 〈비파행琵琶行〉, 〈장한가〉, 〈유오진사시遊悟眞寺詩〉는 불멸의 걸작이다. 《백씨장경집白氏長慶集》75권 가운데 71권, 《백향산시집白香山詩集》40권이 전한다.

| <ruby>天生麗質難自棄<rt>천생려질난자기</rt></ruby> | 타고난 아름다움 그대로 묻힐 리 없어 |

天生麗質難自棄 _{천생려질난자기} 타고난 아름다움 그대로 묻힐 리 없어
一朝選在君王側 _{일조선재군왕측} 하루아침 뽑혀 군왕 곁에 있도다
回眸一笑百媚生 _{회모일소백미생} 눈웃음 한 번에 모든 애교가 나오니
六宮粉黛無顔色 _{육궁분대무안색} 여섯 궁궐의 단장한 미녀들이 안색을 가렸다오
春寒賜浴華淸池 _{춘한사욕화청지} 봄 추위에 화청지에서 목욕함을 허락하여
溫泉水滑洗凝脂 _{온천수활세응지} 매끄러운 온천물에 기름진 때를 씻으니
侍兒扶起嬌無力 _{시아부기교무력} 시녀들 부축하여 일어나자 아름다움에 당할 힘이 없도다
始是新承恩澤時 _{시시신승은택시} 그 때부터 황제 사랑 받기 시작하였네
雲鬢花顔金步搖 _{운빈화안금보요} 구름 같은 귀밑머리, 꽃 같은 얼굴, 흔들거리는 금장식
芙蓉帳暖度春宵 _{부용장난도춘소} 부용 휘장 안은 따뜻하여 봄 깊은 밤을 헤아리니
春宵苦短日高起 _{춘소고단일고기} 짧은 밤을 한탄하며 해 높아서 일어나니
從此君王不早朝 _{종차군왕부조조} 이를 좇는 군왕은 이른 조회를 보지 않았고
承歡侍宴無閒暇 _{승환시연무한가} 총애 속에 연회에 매이니 한가할 틈 없어
春從春游夜專夜 _{춘종춘유야전야} 봄을 좇는 춘정을 즐겨 온밤을 지새우니
後宮佳麗三千人 _{후궁가려삼천인} 빼어난 후궁에 미녀 삼천 있었지만
三千寵愛在一身 _{삼천총애재일신} 삼천의 총애가 그녀에 있으니
金屋粧成嬌侍夜 _{금옥장성교시야} 금 같은 방 단장하고 교태로 밤 시중들어
玉樓宴罷醉和春 _{옥루연파취화춘} 옥루 잔치 끝나면 춘정을 이루니
姉妹弟兄皆列士 _{자매제형개열사} 자매와 형제 모두가 열사列士(사土의 총칭)라
可憐光彩生門戶 _{가련광채생문호} 예쁘게 여기 가문에 광채가 나니
遂令天下父母心 _{수령천하부모심} 이로 하여금 세상 모든 부모들의 마음이
不重生男重生女 _{부중생남중생녀} 아들보다 딸 낳기를 중히 여기도다
驪宮高處入靑雲 _{려궁고처입청운} 화청궁 높이 솟아 구름 속에 들어 있고
仙樂風飄處處聞 _{선악풍표처처문} 신선의 풍악은 바람 타고 어디서나 들려오네
緩歌慢舞凝絲竹 _{완가만무응사죽} 느린 노래 오만한 춤이 비단결과 피리에 맺히니

진일군왕간부족 盡日君王看不足	군왕은 종일 넋 잃고 보아도 부족하도다
어양고고동지래 漁陽鼛鼓動地來	돌연 어양 쪽 땅을 울리는 악관의 북소리 들려오니
경파예상우의곡 驚破霓裳羽衣曲	예상우의곡에 깜짝 놀라도다
구중성궐연진생 九重城闕煙塵生	구중궁궐에 연기 먼지 솟아 오르고
천승만기서남행 千乘萬騎西南行	수천 수만 관군들은 서남쪽으로 가고
취화요요행부지 翠華搖搖行復止	천자의 기 흔들리며 가다가 서곤 하며
서출도문백여리 西出都門百餘里	도성문 서쪽 백여 리 마외역에는
육군불발무내하 六軍不發無奈何	육군을 보내지 못해 어찌할 수 없어
완전아미마전사 宛轉蛾眉馬前死	미인의 긴 눈썹이 구부러지며 굴러 군마 앞에서 죽었네
화전위지무인수 花鈿委地無人收	땅에 떨군 꽃비녀 거두는 사람 없고
취교금작옥소두 翠翹金雀玉搔頭	취교, 금작, 옥소두 땅에 흩어졌네
군왕엄면구부득 君王掩面救不得	군왕은 얼굴 가린 채 구하지 못하고
회간혈루상화류 回看血淚相和流	차마 돌린 두 눈에 피눈물이 흐르네
황애산만풍소색 黃埃散漫風蕭索	누런 흙먼지 일고 바람 쓸쓸히 부는데
운잔영우등검각 雲棧縈紆登劍閣	구름 걸린 굽은 잔도 검각산을 오르네
아미산하소인행 峨嵋山下少人行	아미산 아래에는 오가는 이도 드물어
정기무광일색박 旌旗無光日色薄	천자 깃발 빛을 잃고 햇빛도 희미하네
촉강수벽촉산청 蜀江水碧蜀山靑	촉강 맑게 흐르고 촉산은 푸르건만
성주조조모모정 聖主朝朝暮暮情	황제는 아침저녁 양귀비 생각에 잠겨
행궁견월상심색 行宮見月傷心色	행궁에서 보는 달에 마음 절로 상하고
야우문령장단성 夜雨聞鈴腸斷聲	밤비에 들리는 방울소리는 애간장 끊어지는 소리요
천선지전회룡어 天旋地轉回龍馭	천하 정세 변하여 황제 돌아오는 길에
도차주저불능거 到此躊躇不能去	이곳에 이르러는 걸음 뗄 수 없었네
마외파하니토중 馬嵬坡下泥土中	마외역 고개 아래 진흙더미 속에는
불견옥안공사처 不見玉顔空死處	고운 얼굴 어디 가고 죽은 자리만 남아

君臣相顧盡沾衣	임금 신하 서로 보며 눈물 옷깃 적시네
東望都門信馬歸	동쪽 도성문 향해 말에 길을 맡겨 가니
歸來池苑皆依舊	돌아와 본 황궁의 정원은 변함 없어
太液芙蓉未央柳	태액지의 부용도 미앙궁의 버들도
芙蓉如面柳如眉	부용은 양귀비 얼굴인 듯 버들은 눈썹인 듯
對此如何不淚垂	이들을 대하고 어찌 아니 눈물 드리우리
春風桃李花開日	봄바람에 복숭아며 살구꽃이 만발하고
秋雨梧桐葉落時	가을비에 젖어 오동잎이 떨어져도
西宮南內多秋草	서궁과 남원(남쪽 정원)에 가을풀 우거지고
落葉滿階紅不掃	낙엽이 섬돌을 덮어도 쓸지 않으니
梨園子弟白髮新	이원의 제자들도 백발이 성성하고
椒房阿監靑娥老	양귀비 시중들던 시녀들도 늙었네
夕殿螢飛思悄然	반딧불 나는 저녁 궁궐 더욱 처량하여
孤燈挑盡未成眠	등불 심지 다 타도록 외로이 잠 못 드니
遲遲鍾鼓初長夜	더딘 종과 북소리에 비로소 밤이 길다는 것을 알았네
耿耿星河欲曙天	은하수 반짝이며 새벽은 다가오고
鴛鴦瓦冷霜華重	원앙같이 금슬 좋은 기와는 차고 서리꽃이 심해지나
翡翠衾寒誰與共	함께 덮을 이 없는 싸늘한 비취 금침
悠悠生死別經年	생사를 달리한 지 아득하니 몇 년인가
魂魄不曾來入夢	꿈속에 혼백마저 만나볼 수 없네
臨邛道士鴻都客	임공의 도인이 도성에서 머무는데
能以精誠致魂魄	정성으로 혼백을 불러올 수 있다 하니
爲感君王輾轉思	양귀비 그려 잠 못 드는 군왕을 위해
遂敎方士殷勤覓	방사 시켜 양귀비 혼백 찾게 하였네
排空馭氣奔如電	허공을 가르고 번개처럼 내달아

升天入地求之遍	하늘 끝에서 땅 속까지 두루 찾아
上窮碧落下黃泉	위로는 벽락 아래로는 황천까지
兩處茫茫皆不見	두 곳 모두 망망할 뿐 찾을 길이 없는데
忽聞海上有仙山	홀연 들리는 소문 바다 위에 선산 있어
山在虛無縹緲間	그 산은 아득한 허공 먼 곳에 있고
樓閣玲瓏五雲起	누각은 영롱하고 오색 구름이 일어
其中綽約多仙子	그 곳에 아름다운 선녀들이 사는데
中有一人字玉眞	그 중 옥진이라 하는 선녀 하나 있으니
雪膚花貌參差是	눈같은 피부와 고운 얼굴 그인 듯하네
金闕西廂叩玉扃	황금 대궐 서쪽 방의 옥문을 두드리고
轉敎小玉報雙成	소옥 시켜 쌍성에게 알리도록 말 전하니
聞道漢家天子使	한 황제의 사자가 왔다는 말 전해 듣고
九華帳里夢魂驚	꿈에 깨어 놀라는 화려한 장막 안의 혼백
攬衣推枕起徘徊	옷을 들고 베개 밀고 일어나 서성이더니
珠箔銀屛迤邐開	길게 이어진 구슬발과 은병풍 열리니
雲鬢半偏新睡覺	구름 같은 머리 한쪽으로 드리우고 막 잠에 깬 듯
花冠不整下堂來	머리장식 안 고친 채 건물에서 내려오네
風吹仙袂飄飄擧	바람 부는 대로 소맷자락 나부끼니
猶似霓裳羽衣舞	예상우의무를 추던 그 모습인 듯
玉容寂寞淚欄干	옥 같은 얼굴 수심 젖어 눈물이 난간에 흐르니
梨花一枝春帶雨	활짝 핀 배꽃 한 가지 봄비에 젖은 듯하구나
含情凝睇謝君王	정어린 눈길 돌려 군왕에게 사뢰니
一別音容兩渺茫	헤어진 뒤 옥음, 용안 듣고 뵙지 못하여
昭陽殿里恩愛絶	소양전에서 받던 은총도 끊어지고
蓬萊宮中日月長	봉래궁에서 보낸 세월이 오래건만

回頭下望人寰處	머리 돌려 저 아래 인간세상 보아도
不見長安見塵霧	장안은 보이지 않고 짙은 안개와 먼지 뿐
唯將舊物表深情	장차 오래 지닐 물건으로 깊은 정을 표하려니
鈿合金釵寄將去	자개 상자와 금비녀를 가지고 가라하네
釵留一股合一扇	비녀는 반 쪽씩 상자는 한 쪽씩 나눠 갖고서
釵擘黃金合分鈿	황금 비녀 토막내고 자개 상자 나눴으니
但敎心似金鈿堅	두 마음 이처럼 굳고 변치 않는다면
天上人間會相見	천상에든 세상에든 다시 보게 되리라네
臨別殷勤重寄詞	헤어질 즈음 간곡히 다시 하는 말이
詞中有誓兩心知	두 마음만이 아는 맹세의 말 있었으니
七月七日長生殿	칠월 칠일 장생전
夜半無人私語時	인적 없는 깊은 밤 속삭이던 말
在天願作比翼鳥	하늘을 나는 새가 되면 비익조가 되고
在地願爲連理枝	땅에 나무로 나면 연리지가 되자고
天長地久有時盡	천지 영원하다 해도 다할 때가 있겠지만
此恨綿綿無絶期	이 슬픈 사랑의 한 끊일 때가 없으리

'어린아이도 장한곡을 이해하고 노래한다.[동자해음장한곡童子解吟長恨曲]'라는 기록이 전해지는 바와 같이, 말 그대로 지위고하地位高下는 물론 남녀노소를 막론하고 수많은 사람들이 즐겨 감상하고 애창하였던 명작 〈장한가〉의 지명도를 충분히 짐작할 수 있다.

또한 〈장한가〉는 시가와 소설과 희곡 등 중국 근세문학사에 무한한 새로운 창작의 제재를 제공하였다. 특히, 소설 〈장한가전長恨歌傳〉은 바로 〈장한가〉의 내용을 이야기체로 바꾸어 보라는 백거이의 권유를 받아 진홍陳鴻이 지은 전기傳奇소설이다. 진홍의 〈장한가전〉은 양귀비의 입궐에서부터 그녀가 죽은 후 현종의 명을 받은 방사方士가 그녀의 영혼을 만날 때까지를 〈장한가〉 그대로 답습하고 있다.[3]

---

3   [네이버 지식백과], 〈장한가長恨歌〉.

63

칠월류화七月流火어든 구월수의九月授衣

> 도련님이 실성발광失性發狂이 되어 마음잡을 길 없어 만권 서책萬卷書冊을 들여놓고 노루글로 펄쩍펄쩍 뛰어 읽던 것이었다.
> "맹자견양혜왕孟子見梁惠王하신대, 왕왈王曰, 수불원천리이래叟不遠千里而來허시니 역장유이리오국호亦將有以利吾國乎이까? 천명지위성天命之謂性이요, 솔성지위도率性之謂道요, 수도지위교修道之謂敎니라. 대학지도大學之道는 재명명덕在明明德하며, 재신민在新民허며, 재지어지선在止於至善이니라. 마상馬上에 봉한식逢寒食허니, 도중途中에 속모춘屬暮春이라. **칠월류화**七月流火어든 **구월수의**九月授衣로다. 천고일월명天高日月明이요, 지후초목생地厚草木生이라. 가갸거겨."
>
> <천자 뒤풀이>[1]

'칠월류화七月流火어든 구월수의九月授衣'는 '칠월에 반딧불이 나니 가을 옷을 수선해 둔다'라는 뜻이다. 이 시구는 《시경詩經》〈국풍國風 · 빈풍豳風 · 칠월七月〉[2]"에 등장한다.

과거를 준비하는 이도령이 유가 경전의 한 문장을 읊어대는 것은 누워서 떡먹기처럼 쉬운 일일 것이다. 그럼에도 불구하고 이도령은 무엇 하나 제대로 읽지 못한다. 두서없이 《맹자孟子》와 《대학大學》 그리고 《시경詩經》의 이런 저런 구절 등을 뒤섞어 건너뛰며 낭송할 뿐이다.

---

1 「19. 마상馬上에 봉한식逢寒食이요」와 「58. 천고일월명天高日月明, 지후초목생地厚草木生」 편에 소개된 대목.
2 《모시정의毛詩正義》에 의하면, "七月에는 火星이 서쪽으로 향하여 천기天氣가 서늘하게 드러나는 계절"이다.

이것이 바로 춘향에게 넋이 나가 사랑에 빠진 전형적인 이도령의 모습이 아니겠는가?

'칠월류화, 구월수의' 구절을 담고 있는 〈국풍·빈풍·칠월〉의 앞 부분을 살펴보면 다음과 같다.

《시경詩經》 〈국풍國風·빈풍豳風·칠월七月〉

칠월류화 七月流火³	7월에는 화성이 서쪽으로 향하니 천기가 서늘하게 바뀌고
구월수의 九月授衣⁴	9월에 아낙들은 추위 지낼 옷을 준비해 두네
일지일필발 一之日觱發	동짓달에 찬바람 불고
이지일율열 二之日栗烈	섣달에는 매섭게 추워지네
무의무갈 無衣無褐	옷과 털옷이 없으면
하이졸세 何以卒歲	어찌 한 해를 넘길 수 있을까
삼지일우사 三之日于耜	정월엔 쟁기 준비하고
사지일거지 四之日舉趾	이월에는 밭을 간다
동아부자 同我婦子	내 아내와 아이들이 함께
엽피남무 饁彼南畝	저 남쪽 밭으로 밥 가져오면
전준지희 田畯至喜	권농관이 기뻐한다

〈국풍·빈풍·칠월〉에서 '칠월류화, 구월수의'는 발어사처럼 내용이 바뀔 때마다 반복되는 전렴구前斂句로 사용되고 있다. 《시경》은 기본적으로 4언으로 구성되어 장중한 리듬감을 갖는 것이 일반적이지만, 이

---

3 《모시정의毛詩正義》: "流火是指大火星向西移動."
4 《모시정의毛詩正義》: "九月婦女製寒衣".

작품은 전렴구의 활용과 함께 4언과 5언의 시구가 수시로 전환하는 엇갈린 형식을 통해 작품 전반에 리듬감을 더해주는 특색을 지닌다.

64

침상편시춘몽중 枕上片時春夢中

> "아이고, 허망하여! 도련님 만나기를 꿈 속에서 만났던가? 이별이 꿈인거나? 꿈이거든 깨워주고, 생시거든 임을 보세. 향단아, 발 걷고 문 닫혀라. **침상편시춘몽중**枕上片時春夢中에 꿈이나 이루어서 가시는 도련님을 몽중夢中에나 상봉相逢허지, 생시에는 볼 수가 없구나!"
> 베개 우에 엎드러져 모친이 알까 걱정이 되어 속으로 느끼어,
> "아이고, 우리 도련님. 어디만큼 가겼는고? 어데 가다 주무시는가? 날 생각고 울음을 우는거나? 진지를 잡수셨는가? 앉었는가, 누웠는가, 자는가? 아이고, 언제 볼꼬?"
>
> <상사가相思歌>

'침상편시춘몽중枕上片時春夢中'은 당대 성당盛唐의 시인 잠참岑參의 <춘몽春夢>에서 차용한 시구이다. '침상편시춘몽중'은 '베개 위 잠깐의 꿈속에서나'라는 뜻이다. <춘향가>의 '침상편시춘몽중'에 "꿈이나 이루어서 가시는 도련님을 몽중에나 상봉허지, 생시에는 볼 수가 없구나!"라는 대목은 바로 꿈속에서나 잠깐 도련님을 상봉할 수 있을 뿐, 이제 살아서는 더 이상 이도령을 만나 볼 수 없을 것이라는 절망적인 현실을 한탄하는 춘향의 마음을 전하기에 충분하다.

잠참의 <춘몽>은 순舜임금이 붕어崩御하자 그를 따라 상강湘江에 투신하여 절명絶命한 두 부인 아황娥皇과 여영女英의 고사를 원용함으로써, 목숨으로 절개를 지키겠다는 지고지순至高至純한 사랑을 노래하고 있다.[1] 잠참의 <춘몽>은 다음과 같다.

〈춘몽春夢〉 － 잠참岑參[2]

昨夜洞房[3]春風起	어젯밤 규방에 봄바람 일어
遙憶美人湘江水	멀리 상강의 미인을 생각했네
枕上片時春夢中	베개 위 잠깐의 봄꿈 속에서
行盡江南數千里	가다보니 수천 리 머나먼 강남에 이르렀네

군더더기 없이 봄날의 꿈을 그린 소품과도 같은 명작이다. 고향을 멀리 떠나 있는 남편이 고향집과 아내를 그리워하다 보니, 그 그리움이 봄날의 꿈에까지 연장되어 잠깐 동안의 봄꿈이지만, 저 머나먼 강남 땅, 님이 계신 곳까지 수천 리를 단숨에 달려갔다가 왔다는 것이다. 서쪽 먼 변방에 있는 님을 그리는 마음을 극치의 그리움으로 작품 속에 담아내고 있다.[4]

---

1   상강湘江 : 중국 남부에서 동정호洞庭湖로 흘러드는 강. 상수湘水. 고대 순舜 임금이 남쪽을 순수巡狩하다가 창오산蒼梧山에서 사망하니, 그의 두 비妃인 아황娥皇과 여영女英이 슬피 울며 순 임금을 따라 이 강에 빠져 죽어 상수의 신인 상군湘君 또는 상비湘妃가 되었다고 전한다. 「57. 창오산붕상수절蒼梧山崩湘水絶이라야 죽상지루내가멸竹上之淚乃可滅」에 순舜 임금과 두 부인 아황娥皇과 여영女英의 지고지순한 사랑이 이백의 시〈遠別離〉를 통해 소개되어 있다.
2   잠참岑參(718?-769?), 형주荊州 강릉江陵(지금의 호북성湖北省 강릉현江陵縣), 또는 남양南陽 극양棘陽(현재의 하남성河南省 남양시南陽市) 출신. 당대 시인으로 고괄高适과 함께 고잠高岑으로 일컬어진다. 그는 칠언가행七言歌行에 능했으며, 변새邊塞의 풍광과 전쟁과 이역異域의 풍속을 노래한 훌륭한 변새시邊塞詩를 창작했으며,《잠가주시집岑嘉州詩集》이 전한다.
3   동방洞房 : 침실. 부인이 거처하는 곳.
4   〈춘몽春夢〉,《한시작가작품사전》꿈, 국학자료원, 2007.11.15.

65

하교불상송河橋不相送허니
강수원함정江樹遠含情

> "둥둥둥, 내 낭군. 오호 둥둥, 내 낭군. 도련님을 업고 노니, 좋을 호好 자字가 절로 나. 부용芙蓉 작약芍藥에 모란화牡丹花, 탐화봉접探花蜂蝶이 좋을시구. 소상瀟湘 동정洞庭 칠백 리, 일생 보아도 좋을 호로구나. 둥두우우우 둥둥 오호 둥둥, 내 낭군."
> 도련님이 좋아라고,
> "이애, 춘향아. 말 들어라. 너와 나유정有情허니 '정情' 자字 노래를 들어라. 담담장강수澹澹長江水 유유원객정悠悠遠客情 하교불상송河橋不相送허니 강수원함정江樹遠含情. 송군남포불승정送君南浦不勝情, 무인불견송아정無人不見送我情, 하남태수河南太守의 희우정喜友情. 삼태육경三台六卿의 백관조정百官朝廷, 소지원정所志原情, 주어 인정人情, 네 마음 일편단정一片丹情, 이내 마음 원형이정元亨利貞, 양인兩人 심정이 탁정託情타가 만일 파정破情이 되거드면, 복통절정腹痛絶情 걱정이 되니, 진정으로 완정玩情허잔 그 '정' 자 노래라."[1]

<사랑가> 중 '호好 자字 노래'와 '정情 자 노래'

'하교불상송河橋不相送허니 강수원함정江樹遠含情'은 '강에 놓인 다리 위에서도 전송하지 못하고, 강기슭 나무에 이별의 정을 담아 보낸다'라는 의미이다. 당대 시인 송지문宋之問의 <별두심언別杜審言>에서 등장하는 시구이다.

시인이 병들어 떠나는 님을 배웅하지도 못하고 강가의 나무를 빌어 이별의 정을 실어 보낸다는 내용을 담은 송지문의 <별두심언>은 다음

---

1 「14. 담담장강수澹澹長江水 유유원객정悠悠遠客情」과 「31. 송군남포불승정送君南浦不勝情」에서 인용된 대목임.

과 같다.

<**별두심언**別杜審言> — 송지문宋之問

臥病人事絶 (와병인사절)　병들어 누우니 사람의 왕래도 끊기고
嗟君萬里行 (차군만리행)　아 슬프도다. 그대 멀리 떠나네
河橋不相送 (하교불상송)　강에 걸린 다리 위에서 전송도 못하고
江樹遠含情 (강수원함정)　강기슭 나무에 이별의 정 담아 멀리 보내네

이몽룡은 작품 가운데 3구와 4구를 차용하여 '정'을 노래하고 있다. 한시의 원작은 이별의 애틋함을 노래하고 있으나, 이몽룡이 노래하는 '정'은 분위기가 사뭇 다르다. 이몽룡이 춘향이와 사랑을 노래하는 대목에서 이별의 정을 이야기 하는 것 자체가 모순이다. 설도문군薛濤文君 춘향이도 상당한 글을 익힌 실력을 갖추었으니, 이러한 시구 정도는 충분히 익숙할 텐데, 서로 얼굴을 마주하고 사랑타령을 부르는 상황이니 이별의 애틋함을 노래하는 것이 아닌 것만은 자명하다.

이몽룡이 이 두 문장을 차용하여 말하고자 한 것은 강과 다리는 '분리된 정'이요, 강과 나무는 '통하는 정'이니, 이도령과 춘향이가 강과 나무처럼 서로 통하는 '통정通情'을 노래하고 춘향이가 화답하는 것으로 볼 수 있다.

66

한산사寒山寺*

> "도련님 분부 그러하옵시니 낱낱이 여쭈리다. 동문 밖 나가면 금수청풍錦水淸風에 백구白鷗는 유랑流浪이요, 녹림간綠林間의 꾀꼬리 환우성喚友聲 지어 울어 춘몽春夢을 깨우난 듯, 벽파상碧波上 떠오리는 완완緩緩히 침몰沈沒하야 은린옥척銀鱗玉尺을 입에 물고 오락가락 노는 거동擧動 평사낙안平沙落雁이 분명허고, 선원사禪院寺 쇠북소리 풍편風便에 탕탕 울려 객선客船에 떨어져 한산사寒山寺도 지척咫尺인듯, 석춘惜春하는 연소年少들은 혹선혹후惑先惑後 어깨를 끼고 오락가락 노는 거동, 도련님이 보셨으면 외유外避할 마음이 날 것이요, 남문 밖을 나가오면 광한루廣寒樓 오작교烏鵲橋 영주각瀛洲閣이 있사온디, 삼남三南의 제일승지第一勝地니 처분處分하여서 가옵소서."
>
> <남원 승지 찾아>[1]

한산사는 강소성 소주부蘇州府 풍교진楓橋鎭에 있는 자그마한 사찰임에도 불구하고, 중국의 10대 사찰로도 이름이 높다. 운하에 비켜 있는 한산사의 정취 그대로를 느낄 수 있는 절창으로 일컬어지는 당대 시인 장계張繼의 <풍교야박楓橋夜泊>을 통해 명성을 더하여 소주를 대표하는

---

* 한산사는 중국의 10대 사찰의 하나이며, 사찰 내에는 고적이 많이 소장되어 있다. 경내에는 장계張繼의 시詩가 적힌 비문, 한산寒山, 습득拾得의 석각상石刻像, 문징명文徵明, 당인唐寅이 쓴 비문碑文 등이 남아 있다. 주요 건축물로는 대웅보전大雄寶殿, 무전廡殿, 장경루藏經樓, 비랑碑廊, 종루鐘樓, 풍강루楓江樓 등이 있다. 한산사에는 최근 일본과 한국 등으로부터 수많은 관광객이 방문하고 있으며, 새해를 맞는 제야의 타종打鐘 행사 등이 개최되고 있다.
[네이버 지식백과] 한산사寒山寺《국가급 중국문화유산총람》, 도서출판 황매희, 2010.8.1.)
1 「46. 은린옥척銀鱗玉尺」에서 인용한 대목.

명소名所로 부각되었다.

　방자가 소주의 한산사를 인용함으로써 광한루의 전반적인 풍취와 정서를 한산사의 풍광처럼 빗대어 전하는 대목을 살펴보면, '서당개 3년이면 풍월을 읊는다'라는 격언이 떠오르는 대목이다. 한산사의 풍광이 지척에 있다고 말하는 방자의 권유에, 상당한 학문을 닦은 이도령이 한산사의 풍광에도 비견되는 광한루에 갈 수밖에 없는 당위성을 드러내고 있는 대목이기도 하다. 장계의 〈풍교야박〉은 다음과 같다.

〈풍교야박楓橋夜泊〉　-장계張繼[2]

月落烏啼霜滿天　달은 지고 서리 가득한 하늘에 까마귀는 우는데
江楓漁火對愁眠　강가의 단풍과 어선의 등불 시름 속에 졸면서 바라보네
姑蘇城外寒山寺　고소성 밖 한산사에서
夜半鐘聲到客船　한밤의 종소리 나그네의 배에까지 들려오네

　시인은 소주성蘇州城 부근에 위치한 풍교楓橋에 배를 정박시켜 두고, 가을밤의 정경을 시각과 청각을 동원하여 감각적으로 노래하고 있다. "월락月落", "오제烏啼", "상만천霜滿天", "강풍江楓", "어화漁火", "종성鐘聲" 등의 시어들은 나그네를 잠 못 들게 하는 감각적인 정경들을 유기적으로 펼쳐내고 있다.

　장계의 절창으로 일컬어지는 바로 이 작품 〈풍교야박〉으로 인하여

2　장계張繼(미상-779) : 당대시인. 양주襄州 출신이며 자는 의손懿孫이다. 천보天寶 12년(753) 진사시험에 합격했고, 시어侍御, 검교사부원외랑檢校祠部員外郞을 역임했다. 삶의 소중함이나 백성들의 힘든 생활을 소재로 하여 작품 활동을 펼쳤다. 대표작으로는 〈풍교야박楓橋夜泊〉, 〈귀산歸山〉이 있고, 문집 《장사부시집張祠部詩集》이 있다.

한산사는 천하에 이름을 떨치게 되고, 송대 이후 한산사를 동경한 선승과 시인, 묵객들은 시·서·화의 주제로 삼아 훌륭하고 다양한 작품을 창작해 오고 있다.

67

홍영자공산호편紅纓紫鞚珊瑚鞭, 옥안금천황금륵玉鞍錦韉黃金勒

> 홍영紅纓 자공紫鞚 산호편珊瑚鞭, 옥안玉鞍 금천錦韉 황금륵黃金勒, 청홍사靑紅絲 고운 굴레 상모象毛 물려 덥벅 달아, 앞뒤 걸쳐 질끈 매, 칭칭 다래 은엽등자銀葉鐙子 호피虎皮돋움이 좋다.
>
> <나귀 안장鞍裝>

'홍영자공산호편紅纓紫鞚珊瑚鞭, 옥안금천황금륵玉鞍錦韉黃金勒'은 바로 방자가 나귀 안장을 장식하면서 붉은 고삐와 굴레, 산호로 꾸민 채찍, 옥으로 꾸민 안장, 비단 깔개, 황금으로 장식한 재갈을 물리는 모습이다. '홍영자공산호편, 옥안금천황금륵'은 당대 시인 잠참岑參의 <위절도적표마가衛節度赤驃馬歌>에 등장하는 시구이다.

<위절도적표마가衛節度赤驃馬歌>[1] —잠참岑參

君家赤驃畫不得	그대 집의 적표마는 그려낼 수 없으니
一團旋風桃花色	일단의 회오리 바람처럼 달리는 도화빛
紅纓紫鞚珊瑚鞭	붉은 고삐와 굴레, 산호로 꾸민 채찍
玉鞍錦韉黃金勒	옥으로 꾸민 안장, 비단 깔개, 황금으로 장식한 재갈

---

1 《전당시全唐詩》卷199_51 岑參,〈衛節度赤驃馬歌〉

請君鞲出看君騎	청컨대 깍지 풀고 말 탄 모습 보니
尾長率地如紅絲	긴 꼬리 가지런히 붉은 비단실과 같아라
自矜諸馬皆不及	모든 말이 미치지 못함을 자랑하니
却憶百金新買時	백금 주고서 새 말 얻기가 어찌 아까울까
香街紫陌鳳城內	향내 나는 자색 거리 봉성 안에서
滿城見者誰不愛	성안을 가득 채운 보는 사람마다 누군들 사랑하지 않으리오
揚鞭驟急白汗流	채찍 휘두르며 미친 듯이 달리며 구슬땀 흐르고
弄影行驕碧蹄碎	그림자 자랑하며 씩씩하게 달리니 푸른 말굽마저 부서지네
紫髥胡雛[2]金剪刀	자줏빛 수염 오랑캐 병아리, 금으로 만든 가위
平明剪出三鬃高	해뜰 무렵 가위들어 말갈기 높이 드네
櫪上看時獨意氣	말 구유 위로 보이는 외로운 의기
衆中牽出偏雄豪	무리 속에서 끌고 오나 영웅호걸 따로 없네
騎將獵向南山口	말타고 사냥하러 남산 입구로 향하니
城南孤兎不復有	성 남쪽 외로운 토끼(달) 다시 돌아 올 수 없네
草頭一點疾如飛	풀잎 끝에 맺힌 방울 빠르기가 나는 것 같고
却使蒼鷹翻向後	해동청 날려 따르게 하네
憶昨看君朝未央	어제를 기억하며 그대를 보니 아침이 멀지 않아
鳴珂擁蓋滿路香	말 장식 소리 덮개 끼고 길에 꽉찬 향기
始知邊將眞富貴	비로소 변방의 장수 진실로 부귀함을 알았네
可憐人馬相輝光	지혜롭구나, 사람과 말이 서로 찬란히 빛나니
男兒稱意得如此	남아 뜻을 이룸이 이와 같다 말하네

---

2 호추胡雛 : 오랑캐의 병아리, 곧 안록산安祿山을 일컫는 표현으로, 그가 호인胡人으로 당 현종唐玄宗 때 범양范陽에서 반란을 일으켰기에 이를 멸시해서 하는 말이라고 한다. 호추 胡雛, 《한시어사전》, 국학자료원, 2007.7.9.

駿馬長鳴北風起	준마 길게 우니 북풍이 일고
待君東去掃胡塵	그대를 태우고 말 먼지 휘날리며 동으로 가니
爲君一日行千里	그대 위해 하루 천리를 달려가네

 잠참의 〈위절도적표마가〉는 적표마의 모습을 통해 말과 기수의 위엄과 기상을 노래한 것으로서, 훌륭한 말의 모습을 표현할 때 자주 인용되는 작품이다. 방자가 준비하는 말의 장식과 기상이 적표마를 그려내는 듯한 화려함과 위엄을 갖추었음을 상징적으로 표현하고 있다.

68

화류동풍花柳東風

> 도련님 광한루廣寒樓 당도하야 나귀 등에서 선뜻 내려, 누각樓閣 우에 올라앉아 사방 경치를 살펴보시는디,
> "적성赤城 아침날에 늦인 안개는 띠어 있고, 녹수綠水의 저문 봄은 **화류동풍**花柳東風 둘렀난디, 요헌기구하최외瑤軒綺構何嵬난 임고대臨高臺로 일러 있고, 자각단루분조요紫閣丹樓紛照耀는 광한루를 이름이로구나. 광한루도 좋거니와 오작교烏鵲橋가 더욱 좋다. 오작교가 분명허면 견우牽牛 직녀織女가 없을쏘냐? 견우성은 내가 되려니와 직녀성은 게 뉘랴 될꼬? 오날 이 곳 화림중花林中에 삼생연분三生緣分을 만나를 볼까?"
> <적성가>

이몽룡이 광한루에 오른 것은 춘색이 완연한 5월 5일 단오날이다. 봄을 맞이하는 아낙네들은 그네도 뛰고, 창포에 머리도 감으면서 봄을 즐기는 시간이다. '화류동풍花柳東風'은 꽃과 버들과 봄바람을 아울러 이르는 말로, 꽃들과 버드나무 동풍에 살랑이는 아름다운 봄을 형용하는 표현이다.

'화류동풍'은 명대 우겸于謙의 <관서觀書>라는 작품에서 그 원형을 찾아볼 수 있다.

<관서觀書> - 우겸于謙[1]

---

1 우겸于謙(1398-1457) : 명대 절강성浙江省 항주杭州 전당현錢塘縣 출신. 자는 정익廷益, 호

書卷多情似故人 (서권다정사고인)	서책은 다정하여 옛 친구 같아
晨昏憂樂每相親 (신혼우악매상친)	아침과 저녁 근심과 즐거움이 매번 서로 교차하네
眼前直下三千字 (안전직하삼천자)	눈앞 바로 아래 3천 자가 있고
胸次全无一点塵 (흉차전무일점진)	가슴에는 점차 한 점의 먼지조차 없네
活水源流隨處滿 (활수원류수처만)	흐르는 물 근원에서 흘러 빈 곳 따라 채우고
東風花柳逐時新 (동풍화류축시신)	봄바람 꽃버들 시간 따라 새록새록
金鞍玉勒尋芳客 (금안옥륵심방객)	금 안장에 옥 굴레 꽃향기 찾는 나그네
未信我廬別有春 (미신아려별유춘)	내 움막에 남다른 봄이 있음을 믿지 못하네

'화류동풍花柳東風' 즉, 바람과 꽃과 버드나무는 봄을 노래할 때 빼놓지 않고 등장하는 전형적인 봄의 소재이다. '봄바람東風'과 관련하여 《동문선東文選》 권14에 수록되어 있는 이혼李混[2]의 〈서경영명사西京永明寺〉의 한 구절을 살펴보면, '장천거조욕하향長天去鳥欲何向 대야동풍취불휴大野東風吹不休' 즉, "높은 하늘을 날아가는 저 새는 어디로 가나. 넓은 들에 봄바람은 끝없이 불어오네."라는 표현이 빼어나다. 또한, 버드나무 즉, '화류花柳'로 말하자면, 이진李瑱의 〈풍우風雨〉라는 작품 가운데 '화류봉춘유자발花柳逢春猶自發 임타풍우과허공任他風雨過虛空' 즉, "꽃과 버들은

는 절암節庵, 시호는 충숙忠肅이며, 관직으로 인해 소보少保라고 일컬어진다. 우겸은 악비岳飛, 장황언張煌言과 더불어 서호삼걸西湖三傑로 병칭된다. 작품집으로 《우충숙집于忠肅集》이 전한다.

2 이진李瑱(1244-1321) : 고려 후기의 문신이다. 자는 온고溫古이고, 호는 동암東菴이며, 본관은 경주慶州로 이제현李齊賢의 아버지다. 과거에 급제하여 광주사록廣州司錄, 직한림원直翰林院이 되고, 충렬왕이 문신에게 시부詩賦를 시험할 때 2등을 했다. 중서사인中書舍人을 거쳐 안동부사安東府使로 나가 학교를 일으켰다. 1297년(충렬왕 23)에 우사의대부右司議大夫, 사림원학사詞林院學士를 거쳐 대사성大司成, 밀직승지密直承旨, 1307년에 정당문학政堂文學에 올라 도첨의사사찬성사都僉議司事贊成事, 1313년 충숙왕이 즉위하자 검교첨의정승檢校僉議政丞에 올랐다. 학문을 즐기고 시문에 능했으며, 키가 크고 마음이 너그러웠으나, 아들 제현의 세력을 믿고 남의 재산을 탈취한 오점을 남기기도 했다.

봄을 만나 오히려 저절로 피었는데, 사나운 비바람이 허공을 스쳐가네"
라고 노래한 바와 같이, '화류동풍'은 아름다운 봄의 정경을 통해 봄 자체로 확대 사용되는 전형적인 시어라고 말해도 과언이 아니다.

평양에 자리한 영명사의 풍경 속에 자신의 정감을 노래한 고려시대 이혼의 〈서경영명사西京永明寺〉는 다음과 같다.

〈서경영명사西京永明寺〉 － 이혼李混

永明寺中僧不見	영명사 안에 스님 보이지 않고
永明寺前江自流	영명사 앞에 강물만 절로 흐르는구나.
山空孤塔立庭際	빈 산 외로운 탑이 뜰 가에 섰고
人斷小舟橫渡頭	사람 없는 나루에 작은 배가 비껴 있네
長天去鳥欲何向	먼 하늘에 나는 새는 어디로 가려는고
大野東風吹不休	넓은 들녘에 동풍은 쉴 새 없이 부는구나
往事微茫問無處	아득히 지난 일을 물을 곳이 없으니
淡煙斜日使人愁	엷은 연무 비낀 석양에 시름겨워지네

이 작품은 송대 강서시파의 작시 기법 가운데 하나인 점철성금點鐵成金[3]과 환골탈태換骨奪胎[4]의 수법을 원용하여 창작된 특색을 지닌다. 즉,

---

3 점철성금點鐵成金: 켤 점, 무쇠 철, 이룰 성, 쇠 금. 쇳덩어리로 황금을 만든다. 즉, 나쁜 것을 고치고 다듬어서 좋은 것으로 만드는 것을 비유하는 말. 시학에서 점철성금과 환골탈태는 송대 강서시파江西詩派의 작시법으로서 타인의 시구를 가져다 일부를 인용하거나 원용하여 새로운 작품을 만드는 기법을 말한다.
4 환골탈태換骨奪胎: 바꿀 환換, 뼈 골骨, 빼앗을 탈奪, 아이 밸 태胎. 뼈를 바꾸고 태를 빼낸다는 뜻으로, 몸과 얼굴이 몰라볼 만큼 좋게 변한 것을 비유한다. 환골은 옛사람의 시문詩文을 본떠서 어구를 만드는 것, 탈태는 이전 작품의 뜻을 본떠서 원작과는 약간

이백의 〈등금릉봉황대登金陵鳳凰臺〉, 위응물韋應物의 〈저주서간滁州西澗〉, 진사도陳師道의 〈등쾌재정登快哉亭〉등의 시구를 원용하고 변형하여 창작한 작품이라고 말할 수 있다.

마지막으로 '화류花柳'라는 시어가 인용된 이혼의 〈풍우〉를 살펴보면, 다음과 같다.

〈풍우風雨〉 －이혼李混[5]

花開暮暮朝朝雨 　꽃은 저녁마다 아침마다 빗속에서도 피어나고
柳綠朝朝暮暮風 　버들은 아침마다 저녁마다 바람 불어도 푸르네
花柳逢春猶自發 　꽃과 버들은 봄을 만나 오히려 저절로 피어나고
任他風雨過虛空 　비바람이 허공을 지나쳐도 내버려 두네

다르게 짓는 것을 말한다. 잘못하면 모방에 그치는 경우도 있다.
5 　이혼李混(고려시대 12527-1312) : 본관은 전의全義. 자字는 거화去華·일우一字·태초太初, 호는 몽암蒙菴이다. 뒤에 예안백禮安伯에 봉해져 예안禮安 이씨李氏의 시조가 되었다. 1296년 도당都堂에서 당시의 폐단을 상언上言한 것으로 옥에 갇혔다가 파직당하였다. 이듬해 다시 기용되어 지밀직사사知密直司事 세자원빈世子元賓이 되었고, 하정사賀正使로 원나라에 가서 충선왕과 관제 개혁을 결정하고 돌아왔다. 1308년 충선왕이 원나라에서 즉위하자 대사백大詞伯에 봉해지고, 벽상삼한공신壁上三韓功臣에 녹훈되었다. 그러나 관제 개혁으로 숙비淑妃의 미움을 받아 좌천되었다가, 다시 소환되어 첨의정승僉議政丞으로 치사致仕하였다. 시문에 능해 장단구 몇 편이 세상에 유행했으며, 영해에 귀양 갔을 때 지은 〈무고舞鼓〉가 《악부樂府》에 전한다. 시호는 문장文莊이다.

부록

춘향가 5개 창본 인용 한시문 비교

순	작가	작품명	인용문장	창본별 소희	연수	우향	상현	승희
1	劉采春	〈囉嗊曲六首〉	經歲又經年	O	O	O	O	O
2	許渾	〈緱山廟〉	曲終飛去不知處 山下碧桃春自來	O	O			O
3	王勃	〈相和歌辭·采蓮歸〉	共問寒江千里外 征客關山路幾重	O		O	O	O
			綠水芙蓉採蓮女 征客關山路幾重		O		O	
4	杜甫	〈詠懷古跡〉	群山萬壑赴荊門	O				
5	王維	〈送元二使安西〉	勸君更進一杯酒			O	O	
			西出陽關無故人			O	O	
			渭城朝雨浥輕塵 客舍青青柳色新			O		
6	元稹	〈寄贈薛濤〉	錦江滑膩峨嵋秀	O				
7	詩經	〈周南·關雎〉	琴瑟友之	O	O	O	O	
			關關雎鳩		O			
			窈窕淑女		O			
8	賈至	〈送李侍郎赴常州〉	今日送君須盡醉	O		O		O
9	李白	〈行路難〉	金樽美酒 玉盤佳肴	O		O	O	O
10	王維	〈雜詠〉	來日綺窓前 寒梅着花未			O	O	
11	詩經	〈邶風·燕燕〉	燕燕于飛, 頡之頏之			O	O	
12	王勃	〈藤王閣序文〉	南昌故郡 洪都新府		O			
13	杜牧	〈歎花〉	綠葉成陰子滿枝	O		O	O	
14	韋承慶	〈南行別第〉	澹澹長江水 悠悠遠客情	O	O	O		
15	柳宗元	〈江雪〉	獨釣寒江雪			O	O	

211

순	작가	작품명	인용문장	창본별				
				소희	연수	우향	상현	승희
16	王維	〈竹里館〉	獨坐幽篁	O	O	O	O	O
17	王勃	〈臨高臺〉	東園桃李片時春	O	O	O	O	
			瑤軒綺構何崔嵬	O	O	O	O	
			紫閣丹樓紛照耀	O	O	O	O	
			可憐今夜宿娼家	O	O	O	O	O
18	杜牧	〈題桃花夫人廟〉	落花猶似墮樓人	O	O			O
19	宋之問	〈道中寒食〉	馬上逢寒食 途中屬暮春	O	O			
20	韋莊	〈三堂東湖作〉	滿塘秋水	O				
21	蘇東坡	〈前 赤壁賦〉	荊山白玉 麗水黃金 物各有主	O				
22	梁·元帝	西曲歌中〈同前六首〉	步步香風	O				
23	張籍	〈秋思〉	復恐恖恖說不盡 行人臨發又開封	O				
24	王駕	〈古意〉	夫戌蕭關妾在吳		O			
25	錢起	〈暮春歸故山草堂〉	不改淸陰	O				
26	李白	〈峨眉山月歌〉	思君不見	O	O	O		O
27	王冕	〈梅花〉	三月東風吹雪消	O			O	
28	盧照鄰	〈長安古意〉	桑田碧海	O				
29	詩經	〈魏風·葛屨〉	纖纖玉手	O				
30	錢起	〈傷秋〉	歲去人頭白	O	O	O		
31	武元衡	〈鄂渚送友〉	送君南浦不勝情	O				
32	賈島	〈尋隱者不遇〉	松下問童子, 採藥不知雲深		O			
33	錢起	〈暮春歸故山草堂〉	始憐幽竹山窓下 不改淸陰待我歸	O	O	O	O	O
34	李白	〈紫騮馬〉	雙玉蹄驤	O	O	O		
35	賃鋪	〈山園小梅〉	暗香浮動月黃昏					O
36	宋純	〈哭子文〉	汝哭我哭	O		O		
37	王維	〈桃源行 時年十九〉	魚舟逐水		O	O		O
38	詩經	〈邶風·谷風〉	宴爾新婚	O		O	O	
39	杜甫	〈城西陂泛舟〉	燕蹴飛花落舞筵	O		O	O	O
40	東方虬	〈昭君怨〉	掩淚辭丹鳳				O	
41	高適	〈除夜作〉	旅館寒燈獨不眠			O	O	
42	許渾	〈贈王山人〉	玉洞桃花萬樹春	O		O	O	

순	작가	작품명	인용문장	창본별				
				소희	연수	우향	상현	승희
43	王維	〈班婕妤〉	玉窓螢影	O	O	O	O	O
44	王維	〈九月九日憶山東兄弟〉	龍山 兄弟 離別			O	O	O
45	程顥	〈秋日偶成〉	雲淡風輕近午天	O		O	O	
			訪花隨柳過前川				O	
46	丁學游	〈農家月令歌 4月令〉	銀鱗玉尺	O				
47	韓愈	〈八月十五夜贈張功曹〉	一年明月今宵多			O		O
48	詩經	〈王風·采葛〉	一日如三秋	O				
49	王實甫	《西廂記》	一緘情漏紅猶濕 滿紙春愁墨未乾	O				
50	金黃元	〈逸話〉	長城一面溶溶水 大野東頭點點山	O		O	O	
51	莊子	〈齊物論〉	莊周之夢				O	
52	蘇東坡	〈赤壁賦〉	赤壁江 秋夜月		O			
53	劉禹錫	〈再遊玄都觀〉	前度劉郎今又來			O		
54	陶淵明	〈歸去來辭〉	田園將蕪胡不歸 三徑就荒	O		O		
55	張仲素	〈春閨思〉	提龍忘採葉	O	O	O		
56	杜牧	〈淸明〉	借問酒家何處在 牧童遙指杏花村			O		
57	李白	〈遠別離〉	蒼梧山崩湘水絶 竹上之淚乃可滅	O		O		O
58	朝鮮後期	《推句》	天高日月明 地厚草木生	O				
59	李白	〈朝發白帝〉	千里江陵一日還 朝辭白帝彩雲間				O	
60	朴世茂	《童蒙先習》	天地之間萬物之中 唯人最貴					
61	杜甫	〈夢李白二首〉	千秋萬歲	O				
62	白居易	〈長恨歌〉	行宮見月傷心色			O	O	
			春風桃李花開夜	O				
			夜雨聞鈴斷腸聲	O	O	O		
			秋雨梧桐葉落時	O	O	O		
			梨花一枝春帶雨		O			
			不重生男重生女		O			
63	詩經	〈國風·豳風·七月〉	七月流火 九月授衣	O	O			O
64	岑參	〈春夢〉	枕上片時春夢中	O				O
65	宋之問	〈別杜審言〉	河橋不相送 江樹遠含情	O	O	O	O	
66	張繼	〈楓橋夜泊〉	寒山寺	O	O			

순	작 가	작품명	인용문장	창본별				
				소희	연수	우향	상현	승희
67	岑參	〈衛節度赤驃馬歌〉	紅纓紫鞚珊瑚鞭 玉鞍錦韉黃金勒	O				
			一團旋風桃花色	O	O	O	O	O
			滿城見者誰不愛	O	O			O
			可憐人馬相輝光		O			O
68	于謙	〈觀書〉	花柳東風	O				

214

2021 국립대학교 육성사업의 지원으로 제작

군산대학교
새만금종합
개발연구원

새만금총서

춘향가에 인용된 중국 한시 해설

초판1쇄 발행 2022년 2월 22일

지은이 오성덕 · 박병선
펴낸이 홍종화

편집 · 디자인 오경희 · 조정화 · 오성현 · 신나래
　　　　　　박선주 · 정성희
관리 박정대

펴낸곳 민속원
창업 홍기원
출판등록 제1990-000045호
주소 서울 마포구 토정로25길 41(대흥동 337-25)
전화 02) 804-3320, 805-3320, 806-3320(代)
팩스 02) 802-3346
이메일 minsokwon@naver.com
홈페이지 www.minsokwon.com

ISBN 978-89-285-1709-1　　03380

ⓒ 오성덕 · 박병선, 2022
ⓒ 민속원, 2022, Printed in Seoul, Korea

이 책은 저작권법에 따라 보호를 받는 저작물이므로 무단전재와 복제를 금지하며,
이 책의 전부 또는 일부를 이용하려면 반드시 저작권자와 출판사의 서면동의를 받아야 합니다.